MICHAEL HEATH

SEGREDOS DE LIDERANÇA

EDITORA
FUNDAMENTO

Sobre o autor

Michael Heath é diretor--presidente da Michael Heath Consulting, uma Consultoria de Aprendizagem e Desenvolvimento estabelecida em 1999. Fazendo uso de quase 20 anos de experiência, trabalhando com uma carteira impressionante de organizações internacionais, ele oferece um tesouro de insights e conhecimentos práticos para lidar com os desafios enfrentados pelos líderes. Ele é autor de *Segredos de Gestão*, que também faz parte da série *Segredos profissionais*.

SEGREDOS DE LIDERANÇA

2013, Editora Fundamento Educacional Ltda.

Editor e edição de texto: Editora Fundamento
Capa e editoração eletrônica: TRC Comunic Design Ltda. (Marcio Luis Coraiola)
CTP e impressão: Serzegraf Indústria Editora Gráfica
Tradução: Dulce Maria Valladão Catunda

Publicado originalmente em inglês por HarperCollins *Publishers Ltd.*
Copyright © HarperCollins *Publishers* 2010
Tradução © 2013 Editora Fundamento.

Traduzido sob licença de HarperCollins *Publishers Ltd.*
Os direitos morais do autor foram preservados.

Dados Internacionais de Catalogação na Publicação (CIP)
(Câmara Brasileira do Livro, SP, Brasil)

Heath, Michael
   Série segredos profissionais : Segredos de liderança /
Michael Heath [versão brasileira da editora] – 1. ed.
   – São Paulo, SP: Editora Fundamento Educacional Ltda., 2013.

   Título original: Business Secrets : Leadership secrets

   1. Administração de empresas 2. Liderança I. Título

11-14853	CDD-658.4092

Índice para catálogo sistemático
1. Liderança: Administração de empresas   658.4092

Fundação Biblioteca Nacional

Depósito legal na Biblioteca Nacional, conforme Decreto nº 1.825, de dezembro de 1907.
Todos os direitos reservados no Brasil por Editora Fundamento Educacional Ltda.

Impresso no Brasil

Telefone: (41) 3015 9700
E-mail: info@editorafundamento.com.br
Site: www.editorafundamento.com.br

Este livro foi impresso em papel pólen soft 80 g/m² e a capa em papel cartão 250 g/m².

Sumário

Introdução   8

1 Caráter de liderança   **10**
1.1 Priorize a coragem   12
1.2 Seja forte mentalmente   14
1.3 Discipline-se   16
1.4 Valorize o seu caráter   18
1.5 Projete confiança   20
1.6 Seja apaixonado pelo seu entusiasmo   22
1.7 Paciência é tudo   24
1.8 Seja acolhedor   26
1.9 Desenvolva-se ou fique para trás   28
1.10 Trabalhe para viver; viva para trabalhar   30

2 Responsabilidades da liderança   **32**
2.1 Transforme o abstrato em concreto   34
2.2 Lidere, mas lembre-se de administrar   36
2.3 Lidere para produzir uma "mudança de clima"   38
2.4 Seja confiante como um líder forte   40
2.5 Tenha humildade suficiente para evitar uma humilhação   42
2.6 Abra-se para as pessoas   44

3 Estratégia de liderança	**46**
3.1 Pense em florestas, não em árvores	48
3.2 Evite uma visão míope	50
3.3 Estratégia: entenda a cabeça dos outros	52
3.4 Transforme a sua estratégia em ação	54
3.5 Seja um especialista em negócios	56
4 Liderança e execução	**58**
4.1 Seja rigoroso com as decisões difíceis	60
4.2 Resultados ou morte	62
4.3 Preste atenção aos obstáculos no caminho	64
4.4 Colabore e faça todos felizes	66
4.5 Lute somente as batalhas que valem a pena	68
4.6 Recrute e incentive a "capacidade de resposta"	70
4.7 Reaja ao mau desempenho	72
4.8 Neutralize o conflito negativo	74
5 Liderança e mudança	**76**
5.1 Descreva uma visão da mudança para que todos possam vislumbrá-la	78
5.2 Convença as pessoas dos motivos pelos quais elas devem mudar	80
5.3 Seja sensível ao processo de mudança	82
5.4 Mantenha o ânimo	84

5.5	Provoque a resistência	86
5.6	Feedback: mantenha os olhos na bola	88
5.7	Aceite a ambiguidade	90
5.8	Inove para elaborar um grande plano B	92
6	**Influência da liderança**	**94**
6.1	Compreenda a política	96
6.2	Influência: abra uma conta hoje!	98
6.3	Relacionamento com a sua rede de contatos: dar e receber	100
6.4	Negocie para que todos ganhem	102
6.5	Escute para aprender	104
6.6	Prepare-se para as apresentações	106
6.6	Escreva da mesma forma que você lidera	108
7	**Liderança e a equipe**	**110**
7.1	Forme uma equipe que tenha autonomia	112
7.2	Desafie essa equipe!	114
7.3	Perturbe a forma de raciocinar da equipe	116
7.4	Seja o mentor dos seus aspirantes a líder	118
7.5	Confie na equipe virtual	120
7.6	Anime as suas teleconferências	122
	Índice de jargões	124

Um líder memorável – pelas razões certas!

Durante os últimos 50 anos, foram conduzidos mais de mil estudos para determinar o que é a liderança, como os líderes se comportam, que traços têm. Não tenho muito tempo para isso e nem você deve ter. Ao invés de fazer mais um desses estudos, elaborei este livro com as convicções, habilidades, crenças e técnicas de que os grandes líderes precisam: os comportamentos que você vê os grandes líderes demonstrarem todos os dias.

E que experiência eu tenho? Não são apenas os 20 anos ou mais trabalhando no mundo de líderes como consultor. Mas todos os outros anos, durante os quais eu experimentei a liderança em primeira mão como um funcionário corporativo. Estive com líderes que foi um privilégio conhecer e outros líderes que eram perigosos de se conhecer. Os dois extremos – e todos os líderes no meio – ajudaram-me a compreender o que é realmente uma grande liderança.

Portanto, eu fiz toda a pesquisa para você. Se você é um líder ou um aspirante a líder, então vamos passar algum tempo juntos. Eu quero ser um líder memorável – por todas as razões certas! E estou disposto a compartilhar meus cinquenta **segredos** sobre liderança com você. Esses **segredos** estão distribuídos nestes sete capítulos:

■ **Caráter de Liderança.** Existe um núcleo de comportamentos, valores e características que os grandes líderes têm. Eles são a espinha dorsal que os faz fortes, indivíduos de princípio a quem as pessoas respeitam.
■ **Responsabilidades da liderança.** Os líderes mudam as coisas. A responsabilidade deles é verificar o que existe e remodelá-lo para atender às demandas do mundo de amanhã.
■ **A estratégia de liderança.** A capacidade de definir uma direção estratégica é o que faz os líderes prosperarem – ou caírem. Mas a estratégia é muito mais do que "o que faz"; é também o "como" e o "por que".
■ **Liderança e execução.** É o bom e velho "faça-o". É muito fácil "falar para impressionar". Mas executar é conseguir que todos "coloquem as mãos na massa".
■ **Liderança e mudança.** A mudança acontece. O mundo do trabalho não tem o hábito de esperar que os outros o alcancem. Mas nem todos que trabalham para você pensam da mesma forma.
■ **Influência da liderança.** Você precisa de amigos. Nem tanto em altas posições, mas nos lugares importantes. Eles precisam ser cultivados, se você pensa seriamente em tirar as suas iniciativas do chão.
■ **Liderança e a equipe.** Você precisa de pessoas incríveis à sua volta. Você também precisa desafiá-las constantemente para mantê--las incríveis. Elas terão que assumir as metas como se fossem delas.

Mergulhe no livro ou leia-o de trás para frente – o que você preferir. Mas me prometa uma coisa: você não vai pular as perguntas que eu lhe fizer. Essas perguntas vão ajudá-lo a distinguir claramente as habilidades que o transformarão em um líder memorável.

Os grandes líderes deixam os seus valores nos corações daqueles que trabalham para eles.

Capítulo 1

Caráter de liderança

Existem diferentes estilos de liderança, mas todos eles dependem do caráter. É por isso que fiz do caráter o tema do primeiro capítulo deste livro. Os próximos capítulos tratam ainda dos aspectos práticos da liderança, mas, acima de tudo, o líder deve ter os atributos essenciais de liderança: coragem, paciência, força mental extrema e a paixão e o entusiasmo necessários para promover mudanças. A liderança que não demonstra esses princípios é fraca.

1.1

Priorize a coragem

Certa vez, Winston Churchill disse: "A coragem é justificadamente considerada a mais importante das virtudes, pois dela dependem todas as outras."
 A coragem da liderança, muitas vezes, significa enfrentar o desconforto emocional ou até mesmo físico. Seria ela a primeira das virtudes da liderança? Há muitos exemplos na História em que a falta de liderança foi o resultado da falta de coragem.

 Quando as pessoas disseram a Terry Anderson, jornalista dos EUA que foi mantido refém no Líbano por sete anos, que havia sido muito corajoso, modestamente ele comentou: "As pessoas são capazes de fazer muita coisa quando não têm escolha, e eu não tive escolha.
 Coragem é quando você tem escolha."
 Os líderes são constantemente confrontados por escolhas, e o tipo de coragem que eles têm que mostrar em geral é moral e ética. É a

> **Minuto de reflexão** – Qual seria a sua grande conquista? Que grande realização você poderia alcançar se soubesse que não poderia falhar? Descreva o resultado para si mesmo. O que o impede de conseguir isso? Existem muito obstáculos? Tempo? Energia? Ou falta de coragem?

"O homem corajoso não é o que não sente medo, mas, sim, o que vence esse medo."
(Nelson Mandela, líder político sul-africano)

marca do líder que defende um princípio, enquanto os outros preferem se afastar. Trata-se de agir com integridade e ser fiel aos seus princípios. É a coragem que faz a pessoa, ao perceber que alguma coisa está se perdendo, tomar uma posição e fazer perguntas que ninguém mais ousa fazer.

Essa coragem – esse senso de princípio – é inspiradora para os outros. Isso marca o coração das pessoas. É defender a verdade e o que acredita ser correto. Esse comportamento define limites claros e inspira aqueles que sentem que estão vivendo em ambiguidade. Quando, por qualquer razão, uma equipe desiste, é preciso um grande líder para fazê-la enxergar o próprio medo; para mostrar que são as dúvidas e o medo que a estão segurando.

Um líder que exibe essa coragem moral honra aqueles que também mostram o mesmo comportamento. É o início de uma equipe eticamente motivada. Ela leva a departamentos eticamente motivados e, até mesmo, organizações inteiras.

A coragem moral necessária para seguir os seus princípios e tomar decisões difíceis inspirará a sua equipe.

1.2

Seja forte mentalmente

Todos nós temos momentos em nossas vidas em que nos vemos em alguma situação difícil que tem tudo para nos fazer desistir. Todo mundo desistiu, então por que você não pode? Você fica e luta? Ou, de repente, você se sente só e se junta aos outros, que estão desistindo? Bem-vindo ao mundo da força mental!

Ser líder é recorrer à força mental muitas e muitas vezes. Por exemplo, você comunicou o objetivo para todo mundo. Mas agora percebe que as circunstâncias mudaram de uma forma que jamais poderia prever. Você ainda quer o objetivo. Mas as pessoas lhe dizem para "cair na real" e deixar o objetivo para lá.

Esses momentos são solitários. E geralmente realçam o quanto a posição de líder é solitária. É o "momento da verdade": prosseguir ou desistir.

Estudo de caso – Eram tempos difíceis e Manish foi informado de que teria que fazer alguns cortes na sua equipe gerencial. O problema era que o gerente, cuja função era a menos necessária, era a pessoa mais popular. Quando Manish deu a notícia a Vijay, este a recebeu muito mal. Ele fez das últimas semanas do seu aviso prévio um inferno para Manish. Muitos funcionários se recusaram a falar com Manish. Da mesma forma, os colegas que gostavam

O técnico de futebol americano Vince Lombardi disse sobre força mental:

– São qualidades como o sacrifício e a abnegação combinados com uma vontade perfeitamente disciplinada que se recusa a desistir. É um estado de espírito. Você pode chamá-lo de caráter em ação. Força mental é reconhecer uma luta de longa duração. Há momentos em que todos estão ao seu lado. E momentos em que você está sozinho. De qualquer forma, um líder com força mental estará determinado a ir até o fim para alcançar o que ele sabe ser o resultado certo.

Existe uma pessoa que é um grande exemplo desta combinação de paixão e paciência: o coronel Sanders, da KFC. Ele recebeu mil e nove nãos, antes que o primeiro restaurante concordasse em vender o seu frango!

Força mental é a determinação para continuar a buscar o sucesso contra todas as probabilidades.

de Vijay também fizeram questão de assegurar tempos difíceis para Manish. Então, o chefe de Manish lhe perguntou se ele havia tomado a decisão certa. Manish era questionado o tempo todo. Vijay foi embora. Em algumas semanas, quase ninguém mais falava sobre ele. As relações voltaram ao normal. Manish havia tomado a decisão certa e se mantido firme. Sua força mental foi testada e ele venceu. Atualmente ele é um diretor naquela empresa.

1.3

Discipline-se

A autodisciplina é colocar de lado o que você gostaria de fazer para concentrar-se em algo que precisa fazer. É reconhecer as tentações, desejos e hábitos que podem seduzi-lo para tomar um caminho mais fácil. Um líder recorre a uma força interior que faz com que ele escolha o caminho mais difícil – e correto. E esse caminho envolve sacrifício e comprometimento.

Na mitologia grega, Ulisses foi alertado sobre as sereias. As sereias cantavam uma música tão linda que atraía os marinheiros para a morte nas rochas, em torno da ilha delas. Para escapar, Ulisses fez seus homens taparem os ouvidos e amarrou-se ao mastro. Por isso, eles conseguiram manter o navio em curso.

A autodisciplina exige a mesma escolha. Se você se deixar levar pelas emoções em vez de guiar-se pela lógica e pela força interior, o seu propósito ou objetivo será esmagado contra as rochas. Você precisa

> **Minuto de reflexão** – Quais hábitos poderiam ser mudados ao insistir mais na autodisciplina? Anote-os. Quais comportamentos alternativos trariam melhores resultados? Quais as suas justificativas para os seus comportamentos negativos ou pouco prestativos? Qual é a primeira coisa que você pode fazer para exercer autodisciplina e controlar esses hábitos?

exercitar a força de vontade sobre os seus desejos e exercitar autocontrole real. A sua autodisciplina será reconhecida – e muitas vezes imitada – por aqueles que você lidera.

Então, o que o impede de conquistar essas emoções e escolher o caminho certo? O que alguns fazem é enganar a si mesmos e encontrar justificativas para as suas escolhas. Por que eu não me exercito mais? Eu não tenho tempo! Por que eu não acordo mais cedo? Eu trabalho muito e fico muito cansado. Por que eu bebo? Se ao menos você soubesse o estresse pelo qual estou passando!

Se podemos nos enganar tão facilmente, será que estamos preparados para liderar outras pessoas? Se não podemos ser verdadeiros conosco, como sermos verdadeiros com os nossos liderados? Precisamos treinar a nós mesmos para controlar os nossos comportamentos. Mostremos o poder da nossa força de vontade, recusando-nos a sermos conduzidos por fraquezas ou hábitos.

O consultor de gestão Stephen Covey achava que disciplina era liberdade:

"Os indisciplinados são escravos de humores, apetites e paixões."

Liderar é escolher livremente pensamentos e ações que levam ao aprimoramento. É negar as satisfações fáceis que nos cercam e manter-nos fiéis aos nossos objetivos. Para pedir aos outros que demonstrem autodisciplina é preciso dar o exemplo.

Autodisciplina significa negar a si mesmo o que você quer fazer e fazer o que você precisa fazer.

1.4

Valorize o seu caráter

Você pode achar que as suas palavras têm valor. Mas elas não chegam nem perto de quanto valem as suas ações. As suas ações falam para a sua equipe sobre o seu caráter. Elas transmitem o que você valoriza e quem você é. Elas são os seus valores em ação. Assim, você deve certificar-se de que as suas ações sejam guiadas por valores corretos.

Todo mundo tem valores. Infelizmente, os valores de algumas pessoas são pouquíssimo estimulantes. Elas valorizam a si próprias e aos seus sentimentos de superioridade. Valorizam a satisfação de suas necessidades – mesmo que à custa dos outros. Você reconhece esses valores? Você provavelmente já os testemunhou em alguém para quem já trabalhou. E é uma coisa interessante. Mesmo quando as pessoas tentam esconder os seus valores negativos, elas não conseguem. Eles vazam. Eles se tornam visíveis. Mas valores positivos também vazam.

Estudo de caso – Quando Tony me contou quão popular ele era como gerente, eu tive dúvida na mesma hora. Por que ele sentiu necessidade de me contar? Tony também me contou outras coisas. Ele disse que a sua porta estava sempre aberta para a sua equipe. Que os seus valores eram respeitar e priorizar os seus funcionários. Conversando com a equipe dele, o oposto

"Caráter é fazer o que é certo, quando ninguém está olhando."

J.C. Watts, congressista dos EUA

Estes valores aparecem na forma como nos comportamos com a nossa equipe. Como disse o general Norman Schwarzkopf: "O principal ingrediente para uma boa liderança é um bom caráter. Isso porque a liderança envolve conduta, e a conduta é determinada por valores."

Nós, provavelmente, temos dois conjuntos de valores. Os primeiros valores são aqueles que contamos às pessoas. Eles são os nossos "valores declarados". O outro conjunto de valores são aqueles que as pessoas veem, de fato, em ação – nossos valores "demonstrados". Uma pessoa de caráter forte está sempre tentando fazer com que os seus valores declarados correspondam aos seus valores demonstrados.

Quando os dois conjuntos de valores se equivalem, você tem alguém realmente autêntico. Eles possuem um caráter voltado para os valores corretos. Como líderes, suas decisões são tomadas com base nesses valores. E um líder autêntico geralmente toma as decisões certas.

Autenticidade é quando seus valores declarados correspondem aos seus valores demonstrados.

ficou provado.
– Ele não tem tempo para ninguém – reclamou um funcionário.
– Sempre de olho na carreira dele – disse o líder da equipe.
Tony era um homem que acreditava que, se ele simplesmente repetisse para as pessoas o que julgava serem valores, elas não notariam os seus valores reais. Os valores reais sempre vêm à tona.

1.5

Projete confiança

É possível para um líder sempre projetar confiança? Certamente, os líderes navegam em situações nas quais eles não se sentem confiantes. Por exemplo: uma apresentação para um grande público com uma questão muito emotiva. Há muitas coisas que colocam o líder fora da sua zona de conforto.

O trabalho sempre vai colocar desafios em nosso caminho. A forma como lidamos com eles diz muito para os que se encontram à nossa volta. Então, é vital que mantenhamos uma atitude confiante. Precisamos abordar as situações difíceis ou ambíguas com a convicção de que "tudo terminará bem". Então, como sustentar a crença na habilidade e capacidade de alguém? Aqui estão algumas técnicas práticas para ajudá-lo a parecer – e se sentir – mais confiante.

1 **Projete uma atitude positiva.** Há uma ligação entre as nossas funções fisiológicas e psicológicas. Se dissermos a nós mesmos para nos mostrarmos confiantes, o corpo assume a postura de confiança. Isso faz com que nos sintamos genuinamente confiantes!

2 **Manter o contato visual apropriado.** Todas as culturas têm regras sobre o contato visual. Em muitos países ocidentais, a incapacidade de manter contato visual pode ser interpretada como submissão.

"Quando não há inimigo interno, os inimigos externos não podem feri-lo."
Provérbio africano

3 **Cuidado com as mãos.** As mãos, muitas vezes, "entregam" o que uma pessoa está sentindo. Mantenha-as paradas e sob controle. Você parecerá mais descontraído.

4 **Prepare-se muito bem para todas as tarefas.** O que geralmente abala a confiança é o sentimento de que estamos pisando em terreno desconhecido. A preparação nos dá a segurança necessária para encararmos os desafios, e ela raramente é desperdiçada.

5 **Vista-se com segurança.** Entrar em situações sabendo que uma saia ou uma blusa está apertada demais nos faz perder a confiança. Você deve se vestir de forma apropriada e se sentir sempre inteligente.

6 **Escolha as suas opiniões cuidadosamente.** Não se comprometa com opiniões definidas, que você teria problemas para defender. Dê opiniões que você possa defender com confiança, se houver necessidade.

7 **Observe qualquer sentimento de vulnerabilidade.** Quando as pessoas começam a se "sentir perdidas", elas podem se sentir vulneráveis. Essa vulnerabilidade pode se expressar por meio de um comportamento agressivo ou submisso. Fique calmo, focado e assertivo. Ser capaz de mostrar confiança, mesmo durante as fases difíceis, transmite confiança à equipe e mantém o moral alto.

Boa postura e contato visual apropriado transmitem confiança aos outros.

1.6

Seja apaixonado pelo seu entusiasmo

Entusiasmo e paixão são duas emoções que os líderes devem possuir. E eles devem ser capazes de inspirar essas mesmas qualidades nos que os cercam. Os funcionários geralmente são levados pela determinação e perseverança do líder entusiasmado para alcançar uma meta. Com o tempo, eles também se entusiasmam e se apaixonam pelas mesmas coisas.

A grande diferença em relação à paixão e ao entusiasmo é que eles não podem ser ensinados, mas adquiridos. Não se pode ensinar as pessoas a serem apaixonadas ou entusiasmadas. Esses sentimentos contagiam. Eles se espalham como um vírus positivo por toda a equipe. Eles transformam a energia das pessoas.

Eu adoro a origem da palavra "entusiasmo". Ela vem da palavra grega *en theo*, que significa "Deus em". Prefiro pensar nela como "um deus interior". Uma energia profunda que faz você trabalhar incansavelmente para alcançar as suas metas. Então, como criar as condições certas para esse vírus mágico se espalhar?

■ **Mantenha uma perspectiva otimista.** Os pessimistas e cínicos arrastam todos para baixo. Enfrente todos os obstáculos com a certeza de que você será bem-sucedido.

■ **Encontre pessoas que compartilhem a mesma paixão.** Haverá outros fora da sua equipe que também irão compartilhar o seu entusiasmo e a sua paixão. Procure-os nos dias ruins!

"Se você não se empolgar com entusiasmo, você será despedido com entusiasmo."

Vince Lombardi, treinador de futebol americano

■ **Controle as suas emoções quando enfrentar alguma decepção.** Em caso de contratempos, uma equipe tenta ler as reações do líder. Esteja ciente disso e esconda qualquer emoção ao se deparar com reveses.

■ **Permita que as pessoas vivenciem baixas temporárias.** É da natureza humana. Todos nós perdemos o entusiasmo, vez ou outra. Mas não deixe que permaneçam lá. Tire-os de lá rapidamente – para a próxima dica.

■ **Concentre-se no que há para ser feito.** Equipes negativas, quando se deparam com um obstáculo, respondem imediatamente: – Típico. Eu sabia que isso ia acontecer.

Você só vai dominar isso fazendo com que se concentrem no que pode ser realizado.

■ **Nunca deixe o seu entusiasmo interferir na sua objetividade.** O entusiasmo pode, em algumas pessoas, se transformar em obsessão. Doses saudáveis de um bom feedback podem ajudá-lo a manter a objetividade.

    E lembre-se de que ter entusiasmo e paixão não é necessariamente sinônimo de estar sobre molas o tempo todo. Há muitas pessoas que são igualmente entusiasmadas, mas, como não são extrovertidas, demonstram isso de outra maneira.

A paixão é contagiante e pode espalhar-se rapidamente por toda a equipe.

1.7

Paciência é tudo

Você está prestes a ler esta página rapidinho e passar para o próximo tópico? Se a resposta for sim, quanto você realmente absorveria? Quando uma pessoa está falando, você também espera que ela siga em frente? Ser impaciente pode parecer dinamismo, mas raramente consegue um resultado positivo. Na verdade, a impaciência geralmente leva a desentendimentos, retrabalhos e reparos.

■ **Liderança exige paciência.** Afinal, não estamos levando pessoas para a próxima hora, dia, semana ou mês. Estamos liderando-as até um lugar distante. Um lugar que está além do horizonte conhecido. Portanto, devemos ter paciência e autocontrole. Então, para que precisamos de paciência? Precisamos de paciência para lidar com pessoas, política e perspectivas.

■ **A maioria das pessoas não é cristalizada em sua forma de pensar.** Mas elas precisam sentir que têm controle sobre a decisão de mudar. Elas podem acatar as coisas ao serem pressionadas. Mas não serão persuadidas.

■ **Metas em geral significam que você irá precisar da ajuda de outros.** Conquistá-los para a sua causa pode levar algum tempo. Forçá-los a alguma coisa é criar inimigos instantaneamente. Com as pessoas, o tempo é um amigo – não um inimigo.

> *"Sente-se na margem do rio por bastante tempo... Seus inimigos passarão flutuando."* **Confúcio, antigo sábio chinês**

■ **Cada organização tem sua política.** Você tem que ler a política e aprender a esperar, pacientemente, o momento certo de avançar. Há momentos melhores para que seja pedida ajuda em suas metas. Perca a paciência e você poderá avançar rápido demais. Pior ainda, o seu erro de cálculo pode acabar com a boa vontade das pessoas para sempre.

■ **Finalmente, você deve manter a perspectiva.** Quando se trata de firmar o pé sobre coisas em que você realmente acredita, você quer ter certeza de que é pelas coisas certas. As pessoas impacientes não escolhem os conflitos com sabedoria e sofrem as consequências. A perspectiva também é sobre pensar duas vezes quando for solicitado a ajudar os outros. Se você for uma pessoa generosa, então poderá ajudar. Mas o que você pode estar fazendo de fato é desviar as energias da sua equipe para coisas diferentes da meta estabelecida. Paciência envolve a avaliação de oportunidades para concluir o que elas realmente são.

Devemos levar as pessoas pacientemente conosco. Dedique algum tempo para entender o ambiente político no qual você trabalha. Mantenha uma perspectiva serena e assegure-se de que as atividades em curto prazo realmente contribuem para as metas de longo prazo.

De modo geral, a impaciência desperdiça mais tempo, principalmente para reparar os problemas causados pela nossa impaciência.

1.8

Seja acolhedor

Algumas vezes, descrevemos alguém como sendo "uma pessoa realmente acolhedora". Podemos também nos referir a alguém como sendo "fria e distante". Um líder não tem necessariamente que ser amado. Mas a vida dele fica tão mais fácil quando ele é. A capacidade de mostrar calor humano verdadeiro aos funcionários pode ser realmente uma vantagem.

A demonstração do calor humano às pessoas deve ser verdadeira. Você já não notou aquelas pessoas que fingem ser calorosas e acabam passando a impressão de serem arrogantes e falsas? Normalmente, a falsidade em um líder é desastrosa. Melhor ser um líder frio, mas honesto, do que um falso, hipócrita.

Então, vamos dar uma olhada nessas características que as pessoas acolhedoras podem ter.

■ **Elas gostam de pessoas.** Elas sabem que todos têm seus defeitos (inclusive nós mesmos!), mas aceitam os outros como eles são.
■ **Elas fazem da pessoa com quem estão lidando o centro das atenções.** Elas mostram forte contato visual e escutam com atenção o que o outro está dizendo.
■ **Elas realmente se interessam pelas vidas dos outros.** Elas sabem que muitos têm prazer em falar sobre a vida e a família.
■ **Elas sorriem e parecem satisfeitas ao ver pessoas.** Elas cumprimentam os outros e demonstram para eles que estão verdadeiramente contentes por vê-los.

"Uma palavra amável pode aquecer três meses de inverno."

Provérbio japonês

- **Elas têm uma linguagem corporal aberta.** Elas parecem descontraídas e à vontade quando batem papo. E mantêm uma postura que o interlocutor acha confortável. Por exemplo, não se inclinam sobre uma pessoa tímida.
- **A voz delas apresenta uma amplitude de tons.** Pessoas frias apresentam uma gama limitada de tons quando falam. A amplitude de tons de uma pessoa acolhedora transmite um entusiasmo verdadeiro.
- **Elas são cuidadosas para não dominar o outro.** Elas procuram se certificar de que o outro tenha igual oportunidade para se expressar em uma conversa.
- **Elas evitam comportamentos agressivos.** Infelizmente, algumas pessoas começam mostrando calor humano, mas acabam deixando-o transformar-se em calor de raiva.
- **Elas se importam com os outros.** Quando alguém está chateado, elas rapidamente procuram ajudá-lo. Mostram empatia com alguém que está passando por um momento difícil e escutam pacientemente.

Um líder tem que ser persuasivo. E uma das qualidades que podem ajudar na sua capacidade de persuadir é a intensidade com que constrói e mantém o calor humano necessário à sua equipe.

As pessoas que fingem calor humano podem parecer falsas e condescendentes.

1.9

Desenvolva-se ou fique para trás

No começo da minha carreira, eu me lembro de um ditado na parede do escritório: "Quando você parar de aprender, começa a morrer." Anos mais tarde, descobri que era de Einstein. Um homem cuja vida foi um exemplo perfeito de contínuo autodesenvolvimento. Então, o que é autodesenvolvimento e o que podemos fazer para garantir que não "comecemos a morrer"?

Autodesenvolvimento é assumir a responsabilidade pelo nosso aprendizado. O benefício real é que ele mantém as nossas habilidades em dia, especialmente neste mundo em constante mudança. É um apetite que devora novos pensamentos. E, se demonstramos esse apetite, a nossa equipe também irá se alimentar da mesma mesa.

Estudo de caso – Um diretor, para quem eu costumava trabalhar, sempre me perguntava: "Michael, o que você aprendeu ultimamente?" No começo, eu fiquei confuso. Eu devia ter aprendido alguma coisa! Então voltava e murmurava algumas palavras sobre um livro que havia lido ou alguma coisa que haviam me dito. Com o tempo, fiquei mais esperto e, quando eu aprendia alguma coisa, fazia uma ano-

Então, como vamos nos desenvolver? Tente estas dicas.

- Responsabilize-se pessoalmente pelo próprio crescimento. Essa não é uma responsabilidade da equipe de treinamento ou do RH, é sua.
- Desenvolva um plano para identificar as principais áreas que você quer conhecer mais. Mantenha um registro de aprendizado, onde você anota as lições importantes de qualquer livro, CD, programa ou conversa.
- Arranje um mentor para você. Alguém que possa facilitar ou auxiliar no avanço do seu aprendizado.
- Amplie a sua leitura. Não basta ler sempre as mesmas publicações. Procure algo que seja diferente. Dê uma sacudidela na sua forma de pensar.
- Pergunte-se regularmente: "O que eu aprendi hoje?" Não se acomode. Pelo contrário. Pense sobre os assuntos de maneira mais profunda.
- Escute de verdade alguém com quem você está tendo um desentendimento. Faça perguntas do ponto de vista dessa pessoa. Não basta você desligar! Você pode emergir com um conhecimento real.
- Utilize as experiências das outras pessoas. Como elas fazem as coisas? Seja uma esponja e absorva todo esse ensinamento gratuito.

Em um local de trabalho, o autodesenvolvimento mantém as nossas habilidades atualizadas e em constante evolução.

tação mental para usá-la da próxima vez que visse o diretor. Depois de um tempo, fiquei espantado com a quantidade de exemplos que estava armazenando! Eu não era o mais brilhante, mas estava aprendendo muito. Com aquela pergunta, o diretor havia despertado a minha consciência para o volume de informações às quais eu era exposto a cada hora do meu dia.

1.10

Trabalhe para viver; viva para trabalhar

O equilíbrio entre trabalho e vida pessoal tem sido sempre um grande problema. Volte na História e você vai descobrir que muitas pessoas trabalharam por muitas longas e sacrificadas horas. Olhe ao redor do mundo e verá a mesma falta de equilíbrio na vida de muitas pessoas. Então, que tipo de equilíbrio devemos ter?

Se você tem algum problema para conseguir equilibrar direito vida pessoal e trabalho, então eu lhe recomendo entrar no site www.worklifebalance.com. Lá, oferecem três declarações simples sobre esse assunto:

- **O equilíbrio entre trabalho e vida pessoal não significa um equilíbrio equitativo.** Programar um número igual de horas para cada um dos seus vários trabalhos e atividades pessoais é irrealista. A vida deve ser mais fluida do que isso.
- **O seu melhor equilíbrio entre trabalho e vida pessoal irá variar ao longo do tempo, com mais frequência no dia a dia.** O equilíbrio correto para você hoje provavelmente será diferente amanhã. O equilíbrio correto, quando você é solteiro, é diferente de quando você tem um cônjuge ou filhos.
- **Não existe um molde de equilíbrio de tamanho único, perfeito, que você deve lutar para conseguir.** O melhor equilíbrio entre trabalho e vida pessoal é diferente para cada um de nós, porque todos nós temos prioridades diferentes e vidas diferentes.

> **Minuto de reflexão** – Quão equilibrado é o tempo que você passa em casa e no trabalho? Se o trabalho está dominando, quais as atividades em casa que estão sofrendo? Quanto essas atividades enriquecem a sua vida? Quando você estiver em seu leito de morte, será agradecido pelas horas extras que trabalhou no escritório?

Quando eu estava começando a trabalhar, um chefe maravilhoso me disse:

– Você nunca consegue algo de graça. Tudo tem um preço.

Ao longo dos anos, essas palavras permaneceram comigo. Faça o que você quer fazer, mas esteja disposto a pagar o preço por isso.

O site sobre equilíbrio entre o trabalho e a vida pessoal concorda: "A realização e o prazer são a frente e o verso da moeda de valor na vida. Você não pode ter um sem o outro, não mais do que pode ter uma moeda com apenas um lado. Experimentar viver uma vida unilateral é a razão para tantas pessoas "de sucesso" serem infelizes ou de nem chegarem próximas à felicidade, como elas deveriam."

Sim, a organização e você têm a responsabilidade de ajudar os funcionários a alcançarem o equilíbrio. Mas todos nós temos uma responsabilidade individual conosco de assegurar que as nossas necessidades e desejos pessoais sejam atendidos.

O equilíbrio entre trabalho e vida pessoal mudará sempre, de acordo com diferentes fatores em casa e no trabalho.

Capítulo 2

Responsabilidades da liderança

A liderança difere da administração? Minha convicção diz que sim. Uma empresa nomeia um líder porque ela tem expectativas. Este capítulo começa esclarecendo essas expectativas e examinando como satisfazê-las. Em seguida, explora a gama de comportamentos necessários em um líder – assumindo o comando em um momento, demonstrando humildade genuína no outro, empregando a abordagem certa que faz a equipe retomar a eficiência perdida.

2.1

Transforme o abstrato em concreto

As teorias sobre liderança estão em toda parte – internet, livros, televisão. Mas vamos ignorar as teorias dos especialistas por um momento e voltar ao básico. Vamos ver o que a sua empresa quer de você. Afinal, é ela que paga o seu salário.

As empresas têm expectativas em relação aos seus líderes. Acredito que, em geral, a expectativa dos empresários é que você aja da seguinte maneira:

1 Olhe para o futuro e antecipe como acredita que as coisas serão. Você pode descrevê-las em voz alta para alguém? Quais serão os desafios nesse futuro?

2 Decida como a sua equipe ou departamento deve posicionar-se para corresponder a esse futuro. Quais serão os requisitos? De quais recursos você precisará? O que você não precisará?

3 Transforme esse futuro abstrato em algo concreto. Descreva-o em resultados, desafios e tarefas. Planeje a sua jornada. Estabeleça marcos para a jornada.

4 Descreva esse futuro e jornada para a sua equipe. Comunique em pormenores como o sucesso se parecerá e por quê. Explique para todos a jornada e os seus marcos. Ouça o que eles têm a dizer.

"Devemos nos transformar na mudança que queremos ver."

Mahatma Gandhi, líder do movimento pela independência da Índia

5 Incentive a sua equipe em direção a esse futuro. Convença corações e mentes de que esse é o lugar para onde a equipe deve ir. Os integrantes também devem se comprometer emocionalmente – não apenas intelectualmente.

6 Entre em acordo sobre as ações concretas. Transforme metas em objetivos quantificáveis. Transforme objetivos em metas pessoais. A equipe tem que compartilhar a posse desta jornada com você. Eles têm um mapa. Agora é a hora de começar a caminhar!

7 Assegure-se de manter as pessoas no caminho certo. Você deve assegurar que os esforços de todos apontem para a direção certa. Você não anda na frente. Você não anda atrás. Você anda junto.

8 Avalie a jornada enquanto a percorre. Como está indo a jornada? Será que nos esquecemos de alguma coisa? Será que precisamos ajustar o nosso plano? Estamos seguros de que estamos mantendo o curso certo?

Durante o caminho, o líder deve certificar-se de que a equipe esteja preparada para corresponder a esse futuro, construindo a confiança dos integrantes e proporcionando-lhes novas habilidades por meio de formação e desenvolvimento.

Você deve antecipar o futuro e preparar a sua equipe para corresponder a ele.

2.2

Lidere, mas lembre-se de administrar

Uma pergunta que sempre surge é: Qual é a diferença entre administrar e liderar? Isso importa? Bem, eu acredito que sim. Acho que esclarecer a diferença ajuda a enxergar a liderança de uma forma mais clara. Algumas pessoas dizem que querem ser líderes; não administradores. Eu digo que você tem que ser ambos. Deixe-me explicar por quê.

O problema começa com as palavras "administrador" e "líder". Por que as pessoas seniores são chamadas de "administradores" quando o que você quer é liderança? Po que os líderes de equipe são chamados assim, ainda que sejam juniores e o foco deles seja administrar?

Você tem que esquecer os cargos e se concentrar em palavras como os verbos. Abraham Zaleznik, um respeitado teórico no assunto de liderança, acreditava que o papel de um líder é como o de "um artista, cientista e pensador criativo em vez de um administrador". Administradores vivem – e mantêm – o sistema, os detalhes da rotina

Minuto de reflexão – Então, você é administrador ou líder? Que tarefas você faz que são tarefas de administração? Que tarefas você faz que são tarefas de liderança? Qual é a expectativa sobre o seu papel? Administrar ou liderar? Quão perto você está de realizar o que é esperado do seu papel?

"Você administra coisas, você lidera pessoas."

Grace Murray Hopper, cientista pioneira da computação

do trabalho. As pequenas coisas. Eles são responsáveis pelas caldeiras do navio. Eles se certificam de que as turbinas estejam funcionando. Garantem que a tripulação esteja feliz e que o curso esteja sendo seguido. Mas quem decide o curso é o líder. Ele olha para o mapa e aponta o local para onde o navio deverá seguir.

Grande parte da literatura sobre o assunto sugere que a liderança é sexy e que a administração é maçante. Em seu trabalho atual provavelmente, a verdade é que os dois papéis sejam esperados de você. A empresa quer que você decida a direção da sua equipe, mas também quer que você assegure-se de que a equipe esteja cuidando dos detalhes. Estas definições contrastantes podem ajudá-lo a esclarecer os papéis.

- Administradores planejam detalhes. Líderes determinam a direção.
- Administradores focam a conclusão do trabalho. Líderes focam a liderança das pessoas.
- Administradores criam estabilidade. Líderes criam mudanças.
- Administradores têm horizontes de curto prazo. Líderes têm horizontes de longo prazo.

Pense sobre a famosa citação do escritor Peter Drucker: "Administração é fazer as coisas direito. Liderança é fazer as coisas certas."

Administradores concentram-se em detalhes, enquanto líderes concentram-se em mudanças.

2.3

Lidere para produzir uma "mudança de clima"

Os ambientes de negócios estão mudando constantemente. Às vezes, eles mudam de uma hora para a outra, por isso um líder precisa desenvolver uma espécie de cata-vento para detectar para qual lado está soprando o vento. Tão logo ele detecte nuvens de tempestade, tem que ser capaz de usar a liderança para trazer de volta o clima ensolarado e quente.

O uso da palavra "clima" para o ambiente de trabalho foi proposto pelos psicólogos Litwin e Stringer. Além disso, eles identificaram seis fatores-chave que influenciam esse ambiente:

■ Flexibilidade – ou seja, qual a liberdade que os funcionários têm para inovar?
■ Que sentido de responsabilidade os funcionários têm para com a organização?
■ Qual o nível do padrão que as pessoas têm?
■ Qual é a precisão e o detalhamento do feedback sobre desempenho?
■ Quão claros são a missão e os valores da empresa para as pessoas?
■ Qual é o nível de comprometimento da equipe com o propósito comum?

Pesquisas descobriram que seis estilos distintos de liderança tinham um efeito profundo nesse "clima" e que somente os melhores líderes sabiam quando usar o estilo certo para obter o maior impacto positivo.

> *"Os sábios se adaptam às circunstâncias como a água se amolda ao jarro."*
> **Provérbio chinês**

- **Líderes coercivos** exigem o cumprimento imediato.
- **Líderes autoritários** mobilizam as pessoas para uma visão.
- **Líderes afiliativos** criam laços emocionais e harmonia.
- **Líderes democráticos** constroem o consenso por meio da participação.
- **Líderes que determinam o ritmo** esperam excelência e autossuficiência.
- **Líderes treinadores** desenvolvem pessoas para o futuro.

Alguns desses estilos você reconhecerá em si mesmo. Mas existe algum estilo que você nunca usa? Ao vivenciar situações que demandam uma abordagem especial, usar o estilo errado pode ser desastroso. E se a equipe teve algum contratempo e o moral estiver baixo? Usar um estilo coercivo pode criar um resultado completamente errado:

– Caiam na real! Se vocês não voltarem para a realidade, eu vou lhes dar algo com que se preocuparem de verdade!

Particularmente, a única hora em que eu usaria um estilo coercivo seria com um problema com funcionário. E, mesmo assim, seria muito cuidadoso.

A pesquisa também estabeleceu que o estilo autoritário de liderança provoca o efeito mais positivo na maioria dos "climas". Mas outros três – afiliativo, democrático e treinador – não ficam muito atrás. Considerando esse dado, nenhum estilo deveria ser usado exclusivamente, e todos têm utilidade pelo menos em curto prazo.

Os melhores líderes sabem qual estilo empregar para criar o melhor "clima" para a equipe.

2.4

Seja confiante como um líder forte

Quando você se torna um líder, acostuma-se a assumir o comando. Se você tem a impressão de que sua jornada está saindo do curso, usa rápida e efetivamente as suas habilidades de liderança para fazer com que as coisas voltem aos trilhos. Estas são qualidades e atitudes que o ajudam a tomar de maneira confiante o controle de qualquer situação.

- **Você simplesmente adora liderar.** Você se sente "em casa" em situações difíceis, pois sabe que irá agir com os seus pontos fortes de liderança.
- **Você está pronto para se tornar impopular** (se isso for preciso). Quando o mar fica agitado, só os mais fortes conseguem manter o timão firme.
- **Você enfrenta dificuldades.** Você caminha de cabeça erguida para enfrentar o problema com decisão. É suficientemente autoconfiante para saber que irá superá-lo.

"Comandar é servir, nada mais e nada menos."

André Malraux, escritor e político francês

> **Minuto de reflexão** – Quando foi a última vez que você viu alguém que precisou se reafirmar para controlar alguma situação? Talvez tenha sido o seu chefe ou um administrador de outra equipe. Como eles se saíram? Mostraram-se à altura da situação ou recuaram? Assumiram a responsabilidade ou se esconderam dela? Mantiveram a cabeça fria ou morderam os que os questionaram? Há muito para ser aprendido com a forma como os outros lidam com situações difíceis.

■ **Você adora desafios.** Em vez de procurar evitar situações difíceis, sabe que elas trazem à luz algumas das suas grandes qualidades. Você enxerga o desafio como uma oportunidade para polir essas habilidades.

■ **Você é a pessoa para quem todos se viram.** Quando as coisas ficam difíceis, a sua equipe quer você ao lado. Os integrantes sabem que você tem a força pessoal para conseguir se virar bem em tempos difíceis.

■ **Você cria discussões abertas e honestas.** Você não fica dando voltas em torno da questão. Se é uma má notícia, quer saber imediatamente. Você sabe que você precisa ter uma ideia precisa sobre com que está lidando.

■ **Você mantém a calma sob pressão.** Quando os ânimos se acirram, você se mantém calmo. Quando alguém perde o controle, você responde de maneira fria e inteligente.

■ **Você mantém o foco nas coisas certas.** Em geral, as crises fazem com que os líderes fracos questionem os seus objetivos. Um grande líder mantém a autoconfiança e as metas nas quais estão focados.

Esteja preparado para reassumir o comando quando surgirem situações difíceis.

2.5

Tenha humildade suficiente para evitar uma humilhação

Um líder ser humilde? Será que você leu direito? Líderes são dinâmicos, com força de vontade forte, focados... e ocasionalmente errados. Ter humildade não é pensar menos *de* nós mesmos. É, sim, pensarmos menos *em* nós mesmos. É estimular conversas que permitam às pessoas confrontar a verdade, em vez de contorná-la de forma diplomática.

O problema com a humildade é que, se você acha que a tem, provavelmente não tem. Um líder que tem essa humildade entende que está cercado por uma equipe. A equipe não existe para adorar o líder. A equipe existe como "pares pensantes", as pessoas com quem o líder trabalha para fazer com que as metas se concretizem.

Consigo ensiná-lo a ser humilde? Não. Mas eu posso dizer-lhe como as pessoas com humildade comportam-se.

■ **Elas são verdadeiramente abertas às opiniões dos outros.** Elas investigam opiniões contrárias às delas. E mais: elas cedem com satisfação quando persuadidas.

■ **Quando elas sabem que não estão certas, admitem isso.** Alguns líderes que não têm humildade odeiam estar errados. Eles acham que vencer é preferível para estabelecer a verdade.

> **"As pessoas humildes são sempre seguras."** G. K. Chesterton, escritor e jornalista inglês

- **Elas são abertas com os outros sobre os próprios defeitos.** Elas conseguem confessar francamente os defeitos, pois a equipe, provavelmente, já os identificou há muito tempo!
- **Elas estão prontas para "arregaçar as mangas" com os demais.** Se a equipe toda está sob pressão, então elas farão a parte que lhes cabe para que a tarefa seja cumprida.
- **Elas não permitem que as suas opiniões prevaleçam sobre as opiniões dos outros.** Elas aguardam na fila. Sabem que os pensamentos dos outros também podem alterar as opiniões delas.
- **Elas são elegantes quando outros são elogiados em vez delas.** Elas são seguras o suficiente para saber que cada uma de suas habilidades pode ser mais bem desempenhada por outras pessoas em outros lugares. Elas se sentem confortáveis com isso.
- **Elas não igualam bens com valores.** Outros terão um carro melhor, uma casa melhor, uma renda maior. Essas coisas não são indicadores de valor pessoal. Elas preferem julgar as pessoas pelo que elas são; não pelo que elas têm.

Mas não pense que humildade é apenas outra palavra para "ser um fraco". Um líder exigente, altamente respeitado e tenaz também pode ser humilde. Isso assegura que ele não viva em um abrigo, fingindo que a guerra está acontecendo de acordo com o planejado. A humildade traz a realidade diretamente para dentro do escritório dele. Isso o impede de tomar decisões que fariam uma realidade humilhante ruir em torno de si mesmo.

Humildade é pensar menos sobre si mesmo.

2.6

Abra-se para as pessoas

Eu trabalho muito com o pessoal da linha de frente e, quando peço para listarem as qualidades dos seus líderes favoritos, uma palavra vem sempre em primeiro lugar. A palavra é "acessível". Por que alguns líderes veem isso como algo a não ser incentivado? Bons líderes sabem que ela abre um dos melhores canais de informações existentes.

Alguns líderes pensam no desempenho do seu papel como sendo misterioso. O general de pé, sozinho, no topo da montanha. Perdido em pensamentos profundos. Torturado pela pesada responsabilidade que repousa sobre os seus ombros.

Seja um líder solitário e torturado, se é o que você quer. Mas não espere que isso o faça ser um bom líder. Bons líderes sabem que as decisões são favorecidas pelo acesso às melhores informações. E as informações estão por aí. Você tem que garantir que elas queiram ser conhecidas por você. Aqui, estão sete maneiras comprovadas para se certificar de que é acessível às pessoas.

1 **Tenha tempo para as pessoas.** Se você estiver com pressa, pergunte se pode retomar a questão mais tarde. E certifique-se de fazê-lo!

2 **Aproxime-se das pessoas.** Acostume-as com a companhia de pessoas. Estimule a conversação para que elas se sintam à vontade com você.

> "Eu tento manter a mente aberta, mas não tanto que possa perdê-la."
>
> **Richard Feynman, cientista e contador de histórias norte-americano**

3 **Esteja consciente da sua linguagem corporal.** Não envie sinais errados. Alisar o seu casaco, enquanto você diz: "Fale-me sobre isso" não é uma boa abordagem.

4 **Sorria.** Uma das maneiras mais acolhedoras de um ser humano mostrar ao outro como ele está feliz em vê-lo. Você não acredita? Experimente sorrir quando estiver conversando com alguém que você não suporta.

5 **Não fale apenas de trabalho.** Seja sociável. Mostre às pessoas que você também tem uma vida familiar!

6 **Ouça, ouça, ouça!** Concentre-se na mensagem. Não pense: "Oh, de novo, não..." Até mesmo as pessoas mais irritantes, muitas vezes, têm grandes ideias.

7 **Faça elogios verdadeiros.** Não é bajulação. Bajulação é quando você faz falsos elogios. Mas ser amável mostra respeito e admiração.

Todos os administradores que mantêm a política da porta aberta vão fechar as portas de vem em quando. Faça disso um evento raro, mas pode fazê-lo quando precisar de privacidade. Ser acessível e estar sempre disponível são duas coisas diferentes.

Ser acessível garante que todos os canais de feedback permaneçam abertos para você

Capítulo 3

Estratégia de liderança

Pronto para a grande ideia?
Se você realmente se vê como um líder, então terá que desenvolver e implementar uma estratégia. Para fazer isso, precisa pensar em termos de "visão global". Afaste-se do dia a dia para poder enxergar o "ano a ano". Depois, envolva a sua estratégia em uma mensagem que toque as pessoas e as leve a trabalhar, para que a estratégia saia do chão. E, depois que a estratégia estiver no ar, você tem que mantê-la ali para garantir que a equipe a siga.

3.1

Pense em florestas, não em árvores

Elaborar uma estratégia exige muito da habilidade do líder de pensar em um sentido mais amplo. Algumas são ótimas para as questões imediatas – as coisas "aqui e agora". Mas ele se debate para refletir sobre como as coisas se interligam. As organizações são complicadas. E a capacidade de um líder de apreciar e corresponder a essa complexidade é crucial.

Peter Senge, o norte-americano que desenvolveu o conceito dinâmico de "organização de aprendizagem", argumentou que grande parte da teoria da administração e liderança é simplista. Ela nos incentiva a nos concentramos apenas em "partes". O modelo ideal de Peter para uma organização é aquele em que os líderes são capazes de ver o sis-

Estudo de caso – Permita-me acompanhá-lo para fora do escritório para lhe mostrar como uma ação que pretendia solucionar algo pode, na verdade, piorar tudo. A abordagem tradicional para lidar com pragas na plantação é a utilização de inseticidas. Na teoria, a pulverização da plantação mata os insetos que estão causando danos, o rendimento da safra será maior e deixará todos felizes. Só que não acontece dessa forma. Em curto prazo, os efeitos são melhores. Mas logo a praga na

tema como um todo e estão cientes de que um ajuste em uma parte do sistema pode ter um efeito significativo em outro lugar. Algumas pessoas simplesmente não conseguem fazer isso. Elas investem toda a energia em uma pequena área da estratégia, sem perceber como ela interage com outras áreas. Conforme o ditado, "eles não podem ver o todo porque se perdem nos detalhes".

Senge chamou atenção para: "Aprendemos melhor com as nossas experiências, mas nós nunca vivenciamos diretamente as consequências de muitas das nossas decisões mais importantes." Você não conhece algumas pessoas que deram soluções aparentemente interessantes de curto prazo para alguma coisa e que, eventualmente, se provaram dispendiosas? (Veja o estudo de caso abaixo).

O argumento de Senge é que os líderes devem ver – e considerar – a estratégia como um todo. Concentre-se nas interfaces e nos limites dos componentes. Seja sensível às suas ligações e influências sobre os outros.

Temos de ser capazes de ver a estratégia na sua totalidade e perceber como todas as partes se interligam.

plantação piora – os estragos ficam piores do que eram antes de o inseticida ser utilizado. Então, o que aconteceu? Parece que o primeiro inseto controlava a população de outro inseto. A população deste inseto – sem um predador para mantê-lo sob controle – explode e, de repente, você tem um problema ainda maior do que antes! Estudos mostram que a maioria dos insetos que causa estragos nas plantações torna-se problema por causa desse ciclo.

3.2

Evite uma visão míope

É um conto de duas estratégias. A que a sua empresa almeja pôr em prática e a que você quer que a sua equipe ponha em prática. As duas estratégias devem ser complementares. Então, quando você começar a pensar sobre a sua estratégia, certifique-se de ter feito a sua tarefa organizacional primeiro.

A estratégia tem sido definida como "a direção e o escopo de uma organização a longo prazo". Como você desenvolve a sua estratégia? Você precisa considerar três pontos importantes.

1 **Onde você está agora?** Pense cuidadosamente sobre como está a sua área de operações no momento.

2 **Onde estão as oportunidade de crescimento para você?** Se você tem homens com um bom tino comercial, já terá feito anotações mentais sobre as possíveis respostas.

3 **Qual é a estratégia da organização?** Quais são os seus grandes temas? Como a sua estratégia pode satisfazer os objetivos de longo prazo da organização?

"A genuína essência da liderança é que você precisa ter visão. Você não pode tocar um trompete com defeito."

Theodore Hesburgh, padre católico e ativista norte-americano

As respostas a estas perguntas irão ajudá-lo a elaborar uma estratégia operacional. Depois que você já tiver a estratégia, precisará embrulhá-la em algo que as pessoas possam lembrar: a sua visão estratégica, que é uma declaração da sua intenção a longo prazo. Ela terá que incluir:

- uma direção comum bem definida
- o destino que se encontra além do horizonte
- as restrições com as quais você irá trabalhar
- as questões críticas que serão tratadas
- os programas que serão utilizados para alcançar a estratégia

Mas eu disse que eram duas estratégias. Uma é a estratégica global organizacional. Você deve ter isso memorizado! Então, tem a sua estratégia. Como a sua área vai contribuir para a estratégia organizacional? E esse ajuste é crucial? Uma tem que se harmonizar com a outra. Por exemplo, se a estratégia organizacional é ir atrás de volume e a sua é focar no aperfeiçoamento de homens de negócio mais dignos, vai haver problemas. Duas estratégias conflitantes que estarão puxando para direções diferentes.

E estratégias não são fixas. Elas são constantemente renovadas da mesma forma que o ambiente em que a organização funciona continua a mudar.

A sua estratégia deve mostrar como ela contribuirá para a estratégia organizacional de longo prazo.

3.3

Estratégia: entenda a cabeça dos outros

Há pesquisas que sugerem que em qualquer organização menos de 5% das pessoas sabe o que é estratégia. Se for verdade, essa é uma estatística preocupante. Estratégias que ficam na cabeça das pessoas que as desenvolveram são sonhos. Comunicar a estratégia de forma bem-sucedida é infundir vida à sua ambição estratégica.

Então, vamos ver maneiras que realmente façam a sua estratégia entrar na cabeça do seu pessoal.

- **Monte uma apresentação sobre a estratégia e apresente-a.** Use técnicas que ajudem a estratégia a "ganhar vida" para as pessoas. Pense em abordagens que agradariam às pessoas e utilize-as.
- **Concentre-se nos temas principais.** Provavelmente, haverá muita complexidade por trás da estratégia. Pense sobre as grandes coisas que podem fazer as pessoas conhecerem as intenções estratégicas de forma ampla.
- **Comunique como a estratégia irá afetar todos.** Venda o impacto positivo, os benefícios que eles verão.
- **Crie imagens para as pessoas.** Os seres humanos adoram imagens! Descreva a terra prometida. Pinte o futuro. Ajude as pessoas visualizarem o que você está buscando.
- **Expresse os seus objetivos em termos mensuráveis.** Objetivos que não apresentam medidas parecerão vagos. Você quer que as pessoas vejam o "alcance" do que você está pedindo a elas.

> **Minuto de reflexão** – Qual é a estratégia da sua organização? Como ela lhe foi comunicada? Quão bem ela foi comunicada a toda a organização? Quão bem conhecida ela é na sua organização? O que você pode aprender com a forma como ela foi comunicada? Considerando a resposta à pergunta anterior, o que você pode mudar na comunicação da sua estratégia?

- **Antecipe objeções.** Use frases feitas para superar objeções: "Agora, eu sei o que vocês estão pensando", "Agora certamente não é a hora para fazer isso.", "Mas eu vou lhes mostrar por que esta é a hora certa..."
- **Tenha folhetos com um resumo da estratégia – para distribuir e que seja fácil de ler.** As pessoas precisam ser capazes de lê-lo rapidamente, por isso certifique-se de que o documento é conciso. O resumo em uma folha apenas pode ser suficiente.
- **Pense cuidadosamente sobre o que elas precisam saber.** Você não quer colocar nada confidencial lá, mas também precisa ter certeza que não seja tão censurado que não diga nada às pessoas.

As pessoas "compram" uma estratégia quando elas são intelectual e emocionalmente convencidas. Fazer o exposto acima vai ajudá-lo a garantir isso. Agora, a estratégia estará em posse de todos.

Apresente em apenas uma página, que será disponibilizada para cada participante, uma visão global dos elementos-chave da sua estratégia.

3.4

Transforme a sua estratégia em ação

Você tem a sua estratégia e já a comunicou à sua equipe. Mas as pesquisas mostram que o sucesso de implementação de uma nova estratégia é dramaticamente baixo. Os números variam entre 10% e 30%. Então, o que um líder pode fazer para garantir que essa estratégia abstrata seja traduzida em ações e resultados concretos?

No capítulo 2, nós falamos sobre a diferença entre liderança e administração. O "fazer as coisas direito" versus "fazer as coisas certas". Agora, temos que nos concentrar na carreira. Precisamos garantir a administração cuidadosa da implementação da estratégia. Isso envolve:

- **Colocar os recursos certos em funcionamento.** Isso significa pessoas, dinheiro, tecnologia e qualquer recurso que vai fazer a estratégia acontecer.
- **Ter um plano de ação pormenorizado.** Haverá uma série de tarefas e processos que precisarão ser alocados para aqueles que farão isso acontecer. Os resultados devem ser claros e específicos.
- **Desenvolver uma estrutura de comunicação clara.** Continuar a "propagar" a mensagem estratégica demanda linhas claras de comunicação. Você também vai precisar disso para o ciclo de realimentação de volta para o líder.
- **Construir um processo de monitoramento preciso.** Você tem que ter certeza de que a estratégia está acontecendo. Como

"Não é suficiente olhar os degraus; é preciso subir a escada."

Vance Havner, pregador revivalista norte-americano

você pode construir alarmes internos que funcionem como um aviso antecipado do que está para acontecer? E se a estratégia começar a "sair dos trilhos"?

Nós começamos dizendo que a implementação é difícil. A maioria das estratégias encontra obstáculos e tem que estar pronta para lidar com eles à medida que acontecem. Você realmente tem três opções.

1 Alterar a data de entrega. Você ainda manterá o curso certo. Apenas terá que aceitar que será uma jornada mais longa do que você havia previsto.

2 Mudar de tática. Talvez a sua escolha inicial de tática não tenha sido tão boa quanto você imaginava. É melhor revisitar estas táticas e repensá-las.

3 Mudar a estratégia. Renda-se à evidência de que, desde o começo, a estratégia estava errada. Não há vergonha nisso. O mundo muda tão rápido que as estratégias tidas como certas muito rapidamente parecem estar erradas.

Estratégias são mais fáceis de criar do que de implementar. Você tem que se descolar do pensamento futuro para pensar sobre "o agora".

Todas as estratégias encontram obstáculos, então esteja pronto para agir rapidamente quando isso acontecer.

3.5

Seja um especialista em negócios

Algumas pessoas veem o tino comercial como alguma coisa que se adquire lendo livros. Você precisa ler mais do que livros. Precisa ler sobre o cenário empresarial. Analisar onde as oportunidades estão e tirar vantagem das que surgem. Aqui está um guia de onde as pessoas com falta de tino comercial erram.

- **Elas não entendem as forças do mercado e outros fatores que propulsionam seus negócios.** Quais são os "propulsores" do seu negócio? Anote-os. Eles o ajudarão a focar nas atividades importantes.
- **Elas não leem.** Pensar é movimentar-se o tempo todo. Ler ajuda-o a estar por dentro do que há de novo na sua vida de trabalho.
- **Elas não pensam no que está fora dos seus escritórios.** Todo trabalho existe em um contexto maior. É vital saber como o que você faz afeta os outros.

Minuto de reflexão – Quando foi a última vez que você participou de um evento de aprendizagem relacionado ao seu trabalho? Quando foi a última vez que você leu um artigo que expandiu a sua visão de negócios? Como você incentiva a equipe a desenvolver o tino comercial? Quais são os primeiros sinais que aparecem quando esse tino falta em alguém?

"Uma vez expandida por uma nova ideia, a mente humana nunca mais retorna às suas dimensões originais."

Oliver Wendell Holmes, médico e autor norte-americano

- **Elas não entendem a estratégia mais abrangente.** Elas não conseguem fazer a ligação entre os próprios mundos e como contribuem para o propósito da organização.
- **Elas não têm sede de aprender.** É vital querer entender. Ser curioso. Descobrir as coisas. Esses são componentes fundamentais para o crescimento de uma pessoa.
- **Elas não se interessam pelos concorrentes.** Há sempre alguma coisa que você pode aprender com aqueles que operam no seu mercado. Mesmo que seja o porquê de você estar deixando-os para trás!

O tino comercial ajuda-o a se concentrar em ligar o que você faz com as oportunidades que surgem. Como o pensador de negócios Ram Charan diz, tino comercial é "uma avaliação criteriosa do cenário externo de negócios com a consciência aguçada sobre como se pode fazer dinheiro – e então colocar em prática a estratégia para entregar os resultados desejados".

Ter visão de negócios aumenta o respeito que os outros têm por você. Significa que as suas sugestões são baseadas em uma experiência ampla e profunda no ambiente de negócios em que você opera.

Os líderes com visão de negócios conhecem os seus territórios e sabem como prosperar neles.

Capítulo 4
Liderança e execução

A liderança trabalha com "incógnitas". Você terá que tomar algumas decisões nada fáceis em situações difíceis de prever e entender. Poucas estratégias saem exatamente como o planejado e é aí, lidando com os contratempos encontrados ao longo do caminho, que se iniciam o aprendizado e o crescimento. É quando voltamos os olhos para observar como a equipe executa as suas tarefas e estudamos formas de monitorar o desempenho dela. Por outro lado, há também as pessoas que não pertencem à equipe e com as quais você terá que colaborar.

4.1

Seja rigoroso com as decisões difíceis

A televisão sempre mostra os líderes caminhando calmamente pelo escritório. Algum executivo chega perto dele com um problema, que o líder rapidamente resolve, e o executivo rapidamente vai embora. Outra grande decisão tomada. Mas a vida real é bem diferente. Tomar decisões é difícil para os líderes, porque eles lidam com grandes incógnitas. E as consequências podem ser igualmente grandes.

O livro *Culture and Leadership across the World* realizou uma ampla pesquisa sobre tomadas de decisão e mostrou que as decisões mais difíceis estão relacionadas a problemas pessoais (46%). Em segundo lugar, estão as decisões econômico-financeiras (18%). Por último, as ambiguidades legais (16%) e os conflitos organizacionais (6%). As decisões difíceis eram aquelas associadas ao futuro das pessoas, como

> **Minuto de reflexão** – Como o seu chefe lida com as decisões difíceis? Quais recomendações deste livro, *Segredos de liderança*, ele segue? Qual é a estratégia que ele utiliza para tomar uma decisão difícil? Você pode aprender com ele? Em alguma situação, ele cometeu erros ao tomar decisões que puderam servir de lição sobre o que não fazer?

> **"A covardia pergunta: É seguro? O consenso pergunta: É popular? A consciência pergunta: É correto?"**
> Luther King Jr, líder norte-americano de direitos civis

decisões disciplinares ou dispensa de pessoal. Então, quando você tiver que tomar uma decisão difícil, considere o seguinte.

- **Pense se, de fato, a decisão é sua.** Alguém lhe "passou a bola" para não assumir a decisão? Lide somente com as decisões que competem a você.
- **Faça uma pesquisa.** Geralmente, as piores decisões são tomadas porque não consideram todas as peças do quebra-cabeça. Se você não dispõe das informações fundamentais, quais são as suas chances?
- **Identifique as escolhas que você tem.** Tomar decisões é fazer escolhas. Procure alternativas e convença-se de que são as únicas opções.
- **Procure a ajuda de outros tomadores de decisão qualificados.** Isso não é uma questão de descer do pedestal. Você pode recorrer à experiência disponível, então, seja forte e consulte os mais experientes.
- **Não tenha pressa.** Está certo, nem sempre isso é possível. Mas, em geral, há tempo – e tempo é o que mais se precisa para as decisões difíceis.
- **Considere o prazo para a sua decisão.** Quando será a melhor hora para implementá-la? Existem as horas boas – e as ruins – para executar a sua decisão.
- **Reflita sobre as suas crenças e valores.** Em geral, eles nos servem como uma bússola confiável a nos guiar nas tomadas de decisão.

Evite tomar decisões apressadas e desinformadas. As mais difíceis são aquelas que afetam a vida das pessoas.

4.2

Resultados ou morte

Fazer as pessoas concordarem com as tarefas é relativamente fácil. Mas você precisa fazê-las entregar essas tarefas dentro do prazo e com um padrão que o satisfaça. Primeiro, elas precisam trabalhar nas coisas certas e da maneira certa. Depois, devem cumprir os prazos que foram combinados com você.

Afinal, a sua reputação depende da capacidade de sua equipe ser pontual. Então, o que você pode fazer para garantir que todos executem as tarefas com competência e dentro dos prazos?

1 **Recrutar funcionários com um histórico de realizações.** Ao entrevistar, insista em saber alguns exemplos de realizações reais dos candidatos em cargos anteriores. Faça perguntas que iniciem por: "Conte-me sobre um momento em que..."

2 **Peça aos responsáveis pelas tarefas para compartilhar seus planos com você.** Chegue a um acordo com relação aos resultados e deixe que cada responsável decida o caminho a ser seguido. Mas certifique-se de que, antes, compartilhem o plano com você.

3 **Certifique-se de que os compromissos sejam cumpridos até o fim.** Assegure-se de que o pessoal entregue o prometido dentro do prazo estabelecido.

> **Minuto de reflexão** – Pense nas pessoas da sua equipe que melhor cumprem os prazos. Como elas se organizam? Quais são as habilidades de execução que elas utilizam para se assegurarem de que os compromissos sejam cumpridos? Você poderia pedir a elas que compartilhassem o seu método com os outros e atuassem como mentoras dos colegas que apresentam dificuldades com as entregas no prazo?

4 **Certifique-se de que os compromissos sejam cumpridos de forma ética.** É ótimo quando alguém cumpre um compromisso. Se para fazê-lo, porém, você presisar deixar pessoas infelizes, então você tem problemas.

5 **Incentive as pessoas a serem resolutas.** Você não está sempre por perto, então você precisa de pessoas que tomem decisões para manter as coisas andando. Prepare-as para isso. Essa é uma habilidade que melhora com a prática.

6 **Seja firme com a perda de tempo.** Algumas pessoas deixam de entregar as tarefas a tempo por administrarem mal as cargas de trabalho. Instrua as que apresentam problemas de administração de carga de trabalho.

7 **Trate as pessoas como indivíduos.** As pessoas com grande capacidade de desempenho e um histórico de realização de tarefas receberão mais demonstrações de confiança do que aquelas que acabaram de chegar. Respeite e faça essas demonstrações de acordo com o nível de competência de cada indivíduo.

Um relatório recente sobre a produtividade global constatou que os funcionários estavam gastando mais de um terço de seu tempo em atividades não produtivas. Isso equivale a 1,7 dia por semana em coisas que não são entregues!

Assegure-se de que a sua equipe obtenha resultados.

4.3

Preste atenção aos obstáculos no caminho

Por mais que tentemos, é impossível prevermos tudo. Tão certo como a noite segue o dia, sabemos que os obstáculos irão aparecer. Eles são parte da vida normal de liderança. No entanto, a nossa atitude em relação a esses obstáculos influencia o sucesso que teremos sobre, em torno ou por meio deles.

Com base na minha experiência, concluí que os obstáculos têm muito a ver com a forma com que as pessoas os veem. Algumas os veem como eventos normais que ocorrem quando você está tentando mudar as coisas. Outras os veem como "becos sem saída" desmotivadores que deixam as pessoas segurando as cabeças entre as mãos.

Então, quando você encontrar um obstáculo, primeiro descubra exatamente que tipo de obstáculo é. As descrições a seguir foram baseadas na obra original de Frank Navran.

1 **A parede de tijolo.** Elas são reais e sólidas. É inútil desejar que não existam. Elas não podem ser deslocadas. Exemplos disso são o seu orçamento ser cortado ou pessoas-chave alocadas para outro projeto. Coisas que estão além do seu controle e que exigem que você raciocine inteligentemente sobre como lidar com elas.

2 **A divisória.** Como uma divisória real, se você empurrá-la por baixo ela se deslocará ligeiramente. Mas se empurrá-la pela parte

"Algumas pessoas estão destinadas a ter sucesso; outras estão determinadas a ter sucesso"

H. H. Swami Tejomayananda, líder espiritual hindu

superior, ela poderá cair. Como você está em uma posição mais alta na organização, pode muito bem ser a pessoa a enfrentar a divisória. Os líderes inteligentes procuram maneiras de contorná-la em vez de confrontá-la.

3 **O papel de parede.** Pense no apresentador-animador que surge através da explosão de um círculo de papel e faz a multidão aplaudir. O papel de parede parece sólido para o funcionário, mas tudo que ele precisa é alguém com coragem para mostrar que não há nenhum empecilho. Exemplos desse tipo de obstáculo são frases como: "Ninguém nunca fez isso dessa maneira." e "Você não vai conseguir a 'adesão' da alta administração." Elas existem apenas na cabeça da pessoa que olha para o obstáculo.

4 **A atitude mental.** Se alguma pessoa lhe diz que não pode superar o obstáculo, ela está certa. Esse "diálogo interno" não vai deixar acontecer. Um diálogo interno negativo apresenta uma razão após a outra para algo não acontecer. Por isso, tem que mudar essa atitude mental para outra que procure superar o obstáculo – em vez de sentir-se diminuída diante dele.

Com frequência, o tamanho e a solidez de um obstáculo dependem da atitude mental da pessoa que o vê.

4.4

Colabore e faça todos felizes

As organizações mudaram muito. Mesmo assim, algumas ainda mantêm a sua hierarquia. Mas outras, cada vez mais, mudam para estruturas diferentes, mais complexas. Isso significa que os seus líderes têm que desenvolver novas habilidades para alcançarem os seus objetivos. Uma dessas habilidades mais vitais é a capacidade de colaborar estrategicamente com os outros em toda a organização.

Colaboração é quando dois ou mais líderes trabalham em conjunto por um mesmo objetivo. Isso exige que eles se desliguem de seus focos departamentais e foquem no objetivo compartilhado. Mas eles não compartilham apenas o objetivo; eles também compartilham os riscos.

E é assim que uma colaboração pode não dar certo. Se o projeto falhar, a colaboração pode se transformar em um "jogo de culpas".

Estudo de caso – Recentemente, durante um workshop sobre colaboração, um diretor de marketing veio até mim e disse:
– Eu trabalho com uma diretora de vendas e não há nenhuma colaboração. Passamos o tempo todo só fazendo pontuações negativas um do outro.
Perguntei há quanto tempo isso vinha acontecendo.
– Cerca de seis meses.

Então, vamos ver como você pode preservar o verdadeiro espírito de colaboração.

- **Faça com que todas as conversas sejam um "ganho mútuo".** Quando você colabora com alguém, tem que aproveitar as duas áreas de expertise – suas e do outro líder – para criar benefícios reais para todos.
- **Conheça a perspectiva do outro líder.** Entenda como ele enxerga o objetivo comum. Saiba o que o preocupa e descubra quais são as capacidades dele.
- **Certifique-se de que todos vocês entendem muito bem o objetivo em comum.** Isso é vital. Mantenha-o como o seu ponto de foco comum.
- **Seja flexível.** Muitas vezes há uma "nebulosidade" sobre quem é responsável pelo quê. Sinta-se confortável com isso e incentive a ideia de "dar e receber".
- **Os dois lados têm de estar igualmente comprometidos.** Certifique-se de que as duas equipes compartilhem um sentimento de igualdade e respeito uma pela outra.
- **Tenha processos claros de comunicação.** Não há tempo para "conhecimento é poder"! Você tem que compartilhar os conhecimentos abertamente. A tomada de decisões e outros processos devem ser acordados antes da colaboração.

Mude o seu foco departamental para o trabalho em conjunto a fim de alcançar um objetivo comum da organização.

– Você já tentou colaborar com ela?
– Rebaixar-me até ela? Eu sou o novo diretor. Não ela.
Perguntei se a colaboração poderia ser iniciada apenas pelo diretor mais experiente. E quanto do sucesso da estratégia de marketing dele dependia da equipe de vendas dela. Nós nos encontramos no dia seguinte. Ele havia telefonado para a diretora na noite anterior.
– Precisamos começar de novo – ele disse.

4.5

Lute somente as batalhas que valem a pena

Um grande exército pode lutar em várias frentes. O desafio para o líder é saber para onde direcionar as suas forças. Você provavelmente já viveu esse mesmo dilema. Você não pode se dividir e tentar superar todos os obstáculos em seu caminho. Por isso, tem que escolher com cuidado as batalhas que pretende lutar.

O líder inexperiente luta todas as batalhas. Isso drena as energias e desmoraliza o líder e a equipe. Como Sun Tzu, o ancião chinês autor de *A arte da guerra*, aconselha: "Escolha as suas batalhas com sabedoria. Não lute batalhas que você não pode ganhar." Aqui estão algumas perguntas para ajudá-lo a priorizar as suas batalhas, as "batalhas que devem ser ganhas".

■ **A batalha beneficiará os seus objetivos?** Lembre-se do conselho do general Rommel: "Não lute uma batalha, se você não ganhar nada com a vitória." Nenhum benefício real? Então, por que se envolver?

■ **Será que a batalha resolverá alguma coisa?** Você está tentando corrigir um erro? Ou o resultado valerá a pena?

■ **A batalha tem alguma coisa a ver com você?** Sim, o colega tem o seu apoio. Mas envolver-se vai desviá-lo dos seus objetivos? Deixe que as pessoas lutem as próprias batalhas.

> **"Vença como se você estivesse acostumado à vitória; perca como se fosse uma diversão para variar."** Ralph Waldo Emerson, filósofo norte-americano

■ **Você avaliou do que se trata realmente esta batalha?** Você está brabo porque o seu chefe retirou aquele recurso prometido ou é porque os seus projetos não foram priorizados como alguns outros?

■ **Quão importante você acredita que esta batalha será no futuro?** Daqui a seis meses, quando você se lembrar da questão, o que dirá a si próprio sobre a importância dela?

■ **Será que não é melhor simplesmente deixar de lado?** Algumas pessoas têm que dar a última palavra. Você será um líder melhor deixando isso de lado e concentrando as suas energias em outras prioridades.

Lutar todas as batalhas pode lhe angariar a reputação de ser uma pessoa de confrontos. Também pode criar inimizade com pessoas das quais você precisará mais adiante. Assim, decida quais são as duas ou três batalhas vitais que você precisa vencer.

Liderança requer uma visão de longo prazo. Existem batalhas que você luta hoje, porque sabe que elas são vitais para o que está tentando alcançar.

Reserve as suas batalhas para as questões que são vitais para os seus objetivos.

4.6

Recrute e incentive a "capacidade de resposta"

O que acontece quando as coisas não dão certo para a sua equipe? As pessoas procuram alguém para culpar? Culpar os outros é um desperdício de tempo para todos. E também significa que falta "capacidade de resposta". A capacidade de se apropriar e selecionar a resposta certa em uma situação.

Pergunte aos seus funcionários se eles têm livre-arbítrio. A maioria responderá que sim. Eles acreditam poder controlar as escolhas que a vida coloca diante deles, assumir a responsabilidade pelo que fazem e pela maior parte do que acontece a eles.

Outros podem dizer que não têm nenhum controle (leia o estudo de caso abaixo). Mas não os bons profissionais. Em uma situação complicada, os bons profissionais acham alguma solução imediatamente. Eles se apropriam da questão e se sentem responsáveis pela solução. Eles têm a capacidade de resposta.

Estudo de caso – Alguns funcionários não aceitam a responsabilidade pelo que fazem e estão sempre prontos para culpar as forças externas.
– Niamh, aqueles números já estão prontos?
– Você sabe que estou tentando aprontar a proposta do cliente. Eu nem tive a chance de dar uma olhada nos números.

> **"Quando a bola está passando por cima da rede, você pode ter certeza de que eu quero aquela bola."** Billie Jean King, campeão de tênis

Em seu livro *The Luck Factor*, Richard Wiseman definiu quatro características das pessoas que assumem as responsabilidades – não apenas pelos seus trabalhos, mas também por suas vidas.

- **Elas sempre acham oportunidades de chances.** Elas são abertas e receptivas às possibilidades e reconhecem oportunidades que os outros deixam passar.
- **Elas confiam no próprio taco.** Elas seguem os seus pressentimentos e intuições. E são recompensados repetidamente por isso.
- **Elas perseveram diante do fracasso.** Elas acreditam que, mais cedo ou mais tarde, tudo vai dar certo. E mais: geralmente elas estão certas!
- **Elas transformam a falta de sorte em sucesso.** De alguma forma, elas transformam os desastres em vantagens pessoais. Elas aprendem com os próprios erros.

Essas são as pessoas que você quer na sua equipe. Quando você fizer recrutamento, certifique-se de procurar esse talento. Peça aos entrevistados que lhe deem exemplos de contratempos superados ou o que aprenderam com as decepções.

Recrute pessoas com a capacidade de escolher a resposta certa de uma gama de possibilidades.

Observe a autojustificativa: "nem tive a chance de dar uma olhada nos números". A questão estava completamente fora das mãos de Niamh. Algumas pessoas sempre fazem isto. Elas acreditam não terem escolha e não poderem ser responsabilizadas pelo fato de as coisas não estarem certas.

4.7

Reaja ao mau desempenho

Quando um líder descobre que alguém está apresentando um mau desempenho é um momento crítico. Muitas vezes, você sente um misto de estresse e crescente insatisfação. É crucial controlar essas emoções difíceis e administrar a sua resposta. Você não quer apresentar um mau desempenho quando está sendo desafiado por um mau desempenho.

Então, sejamos cuidadosos antes de atacarmos. Todo mundo deixa a desejar uma hora ou outra. Primeiro, verifique se esse vai ser um fato "isolado" ou se é o início de um nível permanente de desempenho.

Se for um caso "isolado", você provavelmente pode ter uma conversa em particular e seguir em frente. Mas, se for parte de um padrão de mau desempenho, então você precisará tomar uma medida imediata. Mas deixe-me dar-lhe um conselho: independentemente do que você fizer, preste muita atenção ao seu estado emocional.

Assim, quando você se sente sob uma pressão emocional desse tipo, há uma parte do seu cérebro que quer assumir o comando. É chamada de amídala e sente uma comichão para pressionar o gatilho. Esse gatilho inunda o corpo com adrenalina. E a adrenalina deixa a pessoa "esquentada"! Então, você tem que controlar a adrenalina e, consequentemente, controlar-se também.

Como fazer isso? É mais fácil do que você pensa. Por exemplo, eu peço a Alfonso que me entregue o prometido relatório gerencial, mas ele começa a pedir mais uma semana para finalizá-lo. Eu berro:

"Quem consegue irritá-lo é vencedor."

Elizabeth Kenny, australiana pioneira em terapia corporal

– Outra semana! Você está brincando? Você está confundindo tudo, Alfonso!

Isso não é nada bom. Ele passou a apresentar mau desempenho e ficou desmotivado. Agora, o meu problema é duas vezes maior do que era antes de eu questionar o Alfonso, porque na verdade eu não o questionei; eu reagi.

As reações colocam o meu comportamento nas mãos de outras pessoas. Eu prefiro assumir a responsabilidade pelo meu comportamento. Então, mesmo quando estou com raiva, mantenho a calma e respondo com uma pergunta.

– Alfonso, eu sei que você está sob pressão com isso, mas uma semana é muito tempo. Quando é que você pode me entregar uma minuta o mais rápido possível?

Sim, você quer gritar. Mas você também precisa daquele relatório rapidamente. Se eu deixar o Alfonso transtornado, e ele não aparecer para trabalhar no dia seguinte, então eu terei um problema ainda maior para conseguir o meu relatório. Em alguns países, não lidar calmamente com esse tipo de problema de mau desempenho pode colocá-lo em apuros.

Quando transtornado por mau desempenho, responda com uma pergunta. Evite sempre as reações emotivas.

4.8

Neutralize o conflito negativo

Você deve evitar conflitos. Certo? Errado. Conflito pode ser saudável. Mas um líder deve reconhecer – e lidar rapidamente com – qualquer conflito destrutivo. Esse tipo de conflito tem o péssimo hábito de atrapalhar o progresso da equipe no sentido de atingir os objetivos. Aqui, estão sete importantes maneiras de ajudá-lo a evitar qualquer conflito destrutivo.

1 **Converse regularmente e em particular com cada funcionário que você lidera.** É uma ótima maneira de saber o que as pessoas estão sentindo. Em geral, os funcionários se abrem mais do que em grupo.

2 **Seja claro com relação aos papéis e responsabilidades.** Muitas vezes, os conflitos surgem porque o líder não definiu cuidadosamente o que cada um fará. As pessoas precisam que os seus papéis e responsabilidades fiquem muito claros, especialmente em hierarquias mais brandas ou nas sedes.

3 **Antecipe e lide com todas as tensões subjacentes.** Não espere que as bombas caiam. Destrua a aeronave antes que ela chegue ao seu território. Pense à frente e trate das questões que você sabe que vão surgir.

> **Minuto de reflexão** – Quando foi a última vez que a sua equipe teve uma discussão que resultou em um conflito saudável? Como você se sentiu com isso? E como a equipe se sentiu na época? Surgiram boas ideias? Você precisa incentivar a equipe a ver o conflito construtivo como algo que agrega valor para todos?

4 Consulte a sua equipe nas tomadas de decisão do dia a dia. Algumas decisões pertencem a você. Mas existem muitas outras para as quais você pode consultar os funcionários. Isso ajudará a equipe a ver – e vivenciar – as consequências dessas decisões.

5 Administre as expectativas da equipe. Não espere as coisas acontecerem; adiante-se aos possíveis problemas que possam surgir das decisões, para que o pessoal possa se preparar.

6 Observe os sinais de estresse nos funcionários. Você conhece o seu pessoal quando está feliz. Então, reconheça os sinais que os funcionários dão quando estão estressados. Não espere; lide com isso imediatamente.

7 Administre o funcionário tumultuador com firmeza. Todos nós temos alguns: o funcionário cínico que pode causar estragos ao espírito de equipe. Certifique-se de que eles estejam "por dentro" dos seus objetivos e direção.

Mas você não deve evitar conflitos para sempre. Existem muitos conflitos bons que você precisa incentivar. Uma reunião da equipe pode ficar ainda mais saudável se questões importantes forem debatidas com paixão. Você não quer acabar com isso. É a oportunidade para entender as questões reais do local de trabalho.

Evite o conflito nocivo, mas incentive o debate apaixonado.

Capítulo 5

Liderança e mudança

Aqui, você verá uma ligação com algumas das técnicas discutidas no capítulo 3. Mas este capítulo se concentra na análise de pequenas alterações resultantes de mudanças na estratégia da organização. As pessoas não odeiam as mudanças. Mas odeiam aquelas que não compreendem ou com as quais não concordam. Então, "vender" a mudança é fundamental. Você tem que fazer com que os outros queiram ir com você. Lide com a ansiedade deles e respeite as emoções que a mudança possa despertar neles.

5.1

Descreva uma visão da mudança para que todos possam vislumbrá-la

Muitas visões são transmitidas para os funcionários. Muitos dos textos-padrão sobre mudança na gestão falam sobre "comunicar a sua visão". Mas não é melhor transformá-la em "nossa visão"? Isso fará com que ela passe a ser um compromisso ainda maior e garantirá a sua realização. E você terá criado uma equipe de seguidores fiéis pronta para sair e vendê-la.

Quer você esteja liderando um grupo de gerentes, quer seja apenas a sua equipe, o objetivo é o mesmo: uma mudança. Desenvolver um destino que todos precisam alcançar. Um lugar onde as coisas serão bem diferentes do que são agora. Esse destino – ou visão – deve ser como definiu Gary Yukl, autor de *Leadership in Organizations*: "Uma imagem do que pode ser alcançado, por que vale a pena e como pode ser feito." Aqui, estão algumas dicas para ajudar a criar essa visão.

■ **Ela deve ser concisa.** Lembra-se da venda do elevador? Você tem dois andares para vender a sua ideia à pessoa no elevador com você. É como a visão tem de ser: curta.

> **Minuto de reflexão** – Qual é a próxima mudança importante que você quer apresentar? Quem pode ser envolvido no desenvolvimento da visão? Como você estruturaria a reunião sobre a visão? Quais são os obstáculos que você pode encontrar? Como você se sentiria compartilhando esta responsabilidade?

- **Ela deve descrever um destino atraente.** Uma viagem para um destino de férias, e não para um dentista. Com qual destino a sua visão parece?
- **Ela deve ser convincente.** Existe um lugar melhor para estarmos do que onde nos encontramos agora. É por isso que sou movido pela motivação para chegar lá.
- **Ela deve ser realista.** Não é um sonho que nunca poderia acontecer. Tem raiz em uma realidade que eu sei que pode acontecer.
- **Deve ser adaptável.** As coisas mudam. E, se mudam, a visão precisa ser bastante adaptável para acomodar ou se moldar a essa mudança.
- **Deve ser fácil de entender.** Não usa uma linguagem altamente técnica ou inacessível. Ela se comunica diretamente com cada um.

Então, que tal um exemplo? "Em dois anos, nós teremos aumentado as nossas receitas do setor público em 30% e seremos vistos como o principal fornecedor de equipamentos de escritório para esse setor. Isso será alcançado com uma campanha focada no incremento de vendas e o compromisso de criar relações de longo prazo e mutuamente rentáveis com os compradores na indústria."

A sua visão deve determinar o destino que você quer alcançar e por que ele vale a pena ser alcançado.

5.2

Convença as pessoas dos motivos pelos quais elas devem mudar

Nós vimos o planejamento estratégico no capítulo 3. É a grande direção, de longo prazo, que diz para onde a organização – e a sua parte dela – está rumando nos próximos meses ou anos. Mas, agora, precisamos nos voltar para assuntos mais imediatos. As mudanças operacionais que você quer colocar em funcionamento que podem exigir implementação em apenas alguns meses – ou semanas.

A mudança pode ser a introdução de um novo software. Ou uma maneira totalmente diferente de lidar com os clientes. Ou a reestruturação da equipe para responder ao desenvolvimento de novos negócios. O que quer que seja tem de ser comunicado a todos pela primeira vez.

Mas as pessoas farão perguntas como: "O que está errado com a forma que fazemos agora?" e "Por que mudar?" Portanto, você tem três

> **Estudo de caso** – No início da minha carreira, trabalhei em uma concessionária de carros da Ford. Dave, o gerente da oficina, chamou os técnicos para uma reunião. Ele disse que as pessoas não estavam consertando os seus carros na concessionária porque os concorrentes menores cobravam mais barato. Ele preparou uma apresentação em PowerPoint, comparando a queda das receitas

> **"A jornada mais longa de qualquer pessoa é a jornada interior."**
> **Dag Hammerskjvid, autor sueco**

coisas importantes a alcançar quando der o chute inicial em qualquer processo de mudança.

1 **Por que a mudança é necessária.** Você deve provar por que o estado atual não é mais tão bom. Se você não convencer os outros disso, então a implementação será muito mais difícil.

2 **Para onde você está indo.** Não apenas o que será, mas os benefícios que ela trará para cada um. Lembre-se de que todos vão se perguntar: "o que eu vou ganhar com isso?"

3 **A jornada necessária a ser realizada.** Um processo lógico que avança em direção ao novo estado.

O crucial para o líder é criar tensão entre os estágios 1 e 3. Se os funcionários não estiverem convencidos da necessidade da mudança, eles não se mexerão.

Você tem que convencer as pessoas dos motivos pelos quais elas precisam parar as práticas atuais.

com os aumentos dos aluguéis, custos gerais indiretos e salários. Se a concessionária não se reorganizasse e apresentasse um desempenho melhor, todos "morreriam na praia". Após um silêncio chocante, Dave pediu o nosso empenho. Ele não apenas reconstruiu o negócio, como superou outras concessionárias da Ford na sua região, tanto em volume quanto em qualidade de serviço nos dois anos seguintes.

5.3

Seja sensível ao processo de mudança

As pessoas lidam de forma diferente com as mudanças. Muitas estão abertas às mudanças e veem isso como uma parte normal da vida de trabalho. Outras têm horror a qualquer alteração na rotina. Elas experimentam um sentimento de naufrágio no momento em que algo novo é anunciado, por isso desejam ardentemente que nunca aconteça.

É importante que o líder tenha consciência das fases vivenciadas pelos funcionários durante a mudança. Assim ele pode dar mais apoio a eles e ajudá-los a se adaptarem mais facilmente. Aqui estão as quatro fases que você pode esperar.

1 **Negação.** Apesar de os funcionários saberem que a mudança vai acontecer, eles podem agir como se não fosse. Ao não reconhecerem a existência da mudança, eles podem se apegar ao presente.

2 **Resistência.** Eventualmente, a negação é substituída pela resistência. Os funcionários se sentirão ansiosos com relação ao seu status, segurança ou capacidade de influenciar. Aguarde um amplo espectro de comportamentos nesse ponto, incluindo a negatividade.

"Tudo está em constante mudança; nada permanece parado."

Heráclito, filósofo grego pré-socrático

3 **Exploração.** O ponto em que os funcionários aceitam que a mudança vai ocorrer. Eles começam a considerar o lugar que vão ocupar na "nova ordem". Eles não dão necessariamente as boas-vindas à mudança, mas reconhecem abertamente a sua existência.

4 **Compromisso.** Eles já conseguem trabalhar efetivamente na nova situação e sentirão a motivação de volta à medida que dominarem as novas tarefas e processos. Eventualmente, eles olharão para fora de novo, em vez de se concentrarem nas próprias ansiedades.

Esse processo de mudança é geralmente mostrado como uma curva em forma de U. No começo, quando as pessoas são informadas da mudança, o moral e a motivação caem de forma alarmante. Na parte mais baixa do "U", elas se sentem estressadas e improdutivas. Assim que começam a aceitar a mudança (curva ascendente), recuperam o sentido de direção e autoestima.

Mas não são todos que se movimentam dessa forma lógica mostrada na curva de mudança. Alguns podem ficar presos em um determinado ponto, incapazes de ter ânimo para seguir para a próxima fase. Como líder deles, você deve ser sensível a isso. Você também terá que estimar uma baixa no desempenho à medida que a motivação das pessoas diminui. De novo, isso é normal e o tratamento habilidoso fará os funcionários retornarem ao nível de desempenho anterior.

A negação e a resistência são fases normais pelas quais os funcionários passarão na luta contra a mudança.

5.4

Mantenha o ânimo

O processo de mudança está em andamento. Você estabeleceu o destino. A equipe tem trabalho com você para colocar um plano em funcionamento. Agora, você tem que manter o incentivo. Mantenha a motivação alta. Certifique-se de outros projetos e compromissos não desviem as pessoas do que você está tentando alcançar.

Existem três áreas principais nas quais você tem que trabalhar:

1 Capacidade. Será que a equipe dispõe das habilidades certas para operar na nova situação? Será que todos estão apoiados pelos processos certos? O que eu posso fazer agora para prepará-los para os desafios que virão?

2 Motivação. Ainda existe o mesmo desejo de alcançar a oportunidade que existia no início? Existe alguma coisa que poderíamos implementar para manter esse desejo? Existe alguma coisa que possa estar desmotivando as pessoas?

3 Foco. Será que as expectativas específicas que nos foram atribuídas estão claras para todos? Será que tem alguma coisa que os está desviando ou fazendo com que percam o foco?

"Deixe-me contar o segredo que tem me guiado em direção ao meu objetivo: as minhas forças residem unicamente na minha tenacidade."
Louis Pasteur, químico francês

A reafirmação de que esses três fatores estão presentes lhe permitirá saber que o processo de mudança está em andamento. Mas o que mais você pode fazer para manter o ânimo?

Uma dica é olhar para as "vitórias rápidas" que mostram às pessoas que o processo está funcionando.

Não apenas estimulará os funcionários que "vestem a camisa", mas também enviará mensagens positivas de sucesso para os críticos da iniciativa. Quando você for desenvolver os seus planos iniciais, é bom embutir esses objetivos de curto prazo. Cada uma das "vitórias" irá reabastecer o tanque dos seus funcionários com combustível motivacional.

Finalmente, procure todas as oportunidades para mostrar à equipe como a mudança está se tornando "parte da maneira como fazemos as coisas por aqui". Converse sobre casos de sucesso. Mantenha o pessoal atualizado com os benefícios que a mudança está gerando. Retome qualquer sucesso dos objetivos originais estabelecidos.

E lembre-se de reconhecer o esforço daqueles que levaram o processo adiante. Isso irá encorajá-los a repetir essa dedicação muitas vezes. Quando novos integrantes juntarem-se à equipe, contagie-os com o mesmo fervor. Eles assimilarão facilmente a mensagem e contribuirão de verdade para manter o incentivo da mudança.

Realce qualquer sucesso temporário para manter a motivação em alta e manter a dinâmica da mudança.

5.5
Provoque a resistência

Em um capítulo anterior, nós falamos sobre obstáculos para uma estratégia. E se o obstáculo forem os integrantes da sua equipe? E se a resistência deles for tão grande que você precise enfrentar uma batalha contra a sua equipe? Bem, primeiro você tem que identificar as causas dessa resistência. Aqui estão sete áreas de interesse onde você, muitas vezes, encontrará oposição à mudança.

1 **Funcionários temem o desconhecido.** Sejamos honestos: é assustador deixar algo que você conhece por alguma coisa que você não vê. Pode estar na cabeça do líder, mas ainda não está na cabeça da equipe.

2 **Você está pedindo que eles sejam desleais.** Se você for novo na empresa, perceberá que os seus funcionários se sentem parte de uma tradição. Uma que você ainda não entendeu. Você está pedindo que eles traiam a história que compartilham?

3 **As pessoas sentem que não têm capacidade de mudar.** Elas não vão lhe dizer isso, mas existem algumas que sentem não ter a competência necessária para sobreviver na nova situação.

4 **As pessoas se cansam de mudanças.** Sim, é fácil dizer "mudança é a única constante", mas as pessoas podem se desgastar com ela.

> **Minuto de reflexão** – Quais são as principais razões para a resistência da sua equipe? Elas são as mesmas para toda a equipe? O que você pode adiantar para reduzir essas objeções à mudança? Existem indivíduos positivos que poderiam exercer influência sobre os outros e incentivá-los?

5 **Você tem um plano secreto.** Quando a mudança acontecer, ela vai significar que alguém vai perder o emprego. Ou o trabalho vai ser dobrado. Há algo de "podre no reino da Dinamarca" – mas você não está contando para eles.

6 **Eles vão perder o status.** Na atual situação, eles têm o respeito conquistado ao longo dos anos. Agora você quer pintar o cenário de novo e eles podem ser reduzidos a figuras insignificantes de segundo plano.

7 **Eles não estão convencidos da necessidade de mudança.** Eles ouviram o que você disse e preferem as coisas como estão. O que você descreveu não é um bom lugar para estar. Eles gostam das coisas desta maneira!

As pessoas que temem o desconhecido ou duvidam da capacidade delas têm ansiedade de sobrevivência. Seja qual for o motivo da ansiedade delas, você precisa trazê-lo à tona, reconhecê-lo abertamente, tranquilizá-las e seguir em frente.

Trazer a resistência à mudança à tona abertamente tranquiliza as pessoas, mostrando que é natural senti-la e, então, seguir em frente.

5.6

Feedback: mantenha os olhos na bola

Você sempre vai querer saber em que etapa se encontra o seu processo de mudança. Como ele está? O modo como você enxerga o progresso da sua iniciativa de mudança vai depender da sua percepção pessoal dos fatos, eventos e resultados. Mas a percepção é uma coisa perigosa. Como você pode ter certeza de que o que você está vendo é realmente o que está acontecendo?

O feedback geralmente fornece as informações de alta qualidade que você precisa. Mas você tem maturidade suficiente para se abrir para o feedback sincero e construtivo. Nem todos os líderes têm esse grau de maturidade.

Por quê? Porque muitos, ao se abrirem, sentem-se vulneráveis. Determinados instintos primitivos fazem com que se defendam ou justifiquem seus comportamentos. Afinal de contas, quem gosta de ouvir críticas a algo no qual investiu tanto tempo?

Necessitamos do feedback sincero, porque estamos tentando obter uma ideia realista de como a nossa iniciativa de mudança está progredindo. Se formos capazes de detectar os problemas à medida com que surgem, então, podemos arrumar as coisas.

O que faz uma pessoa se tornar um grande tenista ou jogador de squash? É a forma como bate na bola? Não. É como "saca" a trajetória da

> **"Os olhos veem somente o que a mente está preparada para compreender."**
> **Henri Bergson, filósofo francês**

bola rapidamente e se coloca na melhor posição para rebatê-la. O "lance vencedor" começa com o rápido contato visual que foi feito com a bola.

É disso que se trata um feedback sincero: obter as informações importantes que você precisa, o quanto antes. E não quando a bola já bateu na sua raquete. Quando isso acontece, você é obrigado a reagir aos acontecimentos. Entenda a trajetória da bola o quanto antes, assim você terá escolhas. Por isso, ao receber feedback:

- Ouça atentamente e não reaja ou fique na defensiva.
- Se ouvir alguma coisa com que não concorda, peça mais informações – não se justifique nem se defenda.
- Controle qualquer raiva que possa sentir, senão você fechará o círculo do feedback.
- Não se precipite pensando sobre como lidar com a situação durante o feedback. Você pode perder alguma coisa crucial.
- Seja imparcial. Trate a informação sem emoção.
- Explore todas as razões subjacentes para o feedback ter sido como foi.

O feedback preciso permite a você identificar os problemas à medida que surgem e a resolvê-los com mais rapidez.

5.7

Aceite a ambiguidade

É fácil tomar decisões quando você dispõe de todas as informações necessárias. Um pouco de experiência, muita reflexão e análise e logo você chegará à escolha certa. Mas os líderes com frequência se veem em situações com poucas informações e nenhuma escolha óbvia. E, à medida que você ascende na organização, essa ambiguidade aumenta.

Então, quem mais se debate com ambiguidades? Com base em minha experiência, penso que são os perfeccionistas. Porque os perfeccionistas pensam apenas em branco e preto. Eles se debatem com os tons cinza da vida real.

Mas então se não houvesse ambiguidades, não haveria aprendizado? A ambiguidade estimula a dúvida. A dúvida nos força a perguntar, a pesquisar e a aprofundar a nossa compreensão das questões. Essa exploração muda a forma como entendemos os problemas no nosso trabalho.

Embora, para muitas pessoas, ambiguidade seja sinônimo de estresse, "não saber" cria a ansiedade delas. Então, o que elas podem fazer para diminuir o estresse que pode acompanhar a ambiguidade?

■ **Aceite as ambiguidades como um componente da vida de um líder.** Um passo psicológico imenso. Não é seu trabalho saber tudo.

> **Minuto de reflexão** – Quão bem o seu chefe lida com a ambiguidade? Quais as estratégias que ele utiliza? Quão à vontade ele aparenta trabalhar em novas situações? Quais crenças motivam os comportamentos demonstrados por ele? Você usaria a capacidade dele como modelo para lidar com ambiguidades?

- **Habitue-se a planejar e a pensar com antecedência.** Você não pode prever todas as contingências, mas um pouco de planejamento e reflexão vai ajudá-lo a ficar atento aos "suspeitos de costume".
- **Saiba que a perfeição é rara.** Todos nós cometemos erros, uma vez ou outra. Estudos mostram que até os melhores gerentes tomam decisões corretas somente em 65% do tempo.
- **Confie e delegue.** A tendência de muitos líderes é, assim que aparece o estresse, ficar em cima do seu pessoal, verificando cada movimento deles.
- **Não espere terminar uma tarefa para passar para outra.** A liderança não funciona assim. Dê um passo importante em uma tarefa, em seguida mude para outra atividade em que você precisa se concentrar.
- **Não fique preso a coisas pequenas.** Você tem prioridades. Certifique-se de que elas recebam a sua atenção prioritária.

Você deve aceitar as ambiguidades como um fator fundamental do papel de liderança.

5.8

Inove para elaborar um grande plano B

O inesperado é aguardado em qualquer processo de mudança. Aquele obstáculo que surge de repente e você tem que descobrir como contorná-lo. Algumas vezes, o raciocínio ortodoxo faz com que você o supere. Mas há ocasiões em que você precisa de uma nova forma de raciocinar. Uma solução inovadora para elaborar um grande Plano B.

Qual é a diferença entre criatividade e inovação? Arnold Wasserman, presidente da Idea Factory, descreveu a inovação como "ter ideias criativas e apresentá-las ao mundo". Criatividade é a parte inventiva. Inovação é pôr a criatividade na prática, para o mundo real. Então, como fazer isso? Bem, existem conceitos que você provavelmente já usou, como o *brainstorming* e o mapa mental. Mas deixe-me compartilhar uma grande ferramenta geradora de ideias para ajudar a sua equipe a pensar de forma inovadora sobre qualquer obstáculo. É uma sigla chamada SCAMPER.

"As pessoas mais bem-sucedidas são aquelas que são boas na elaboração de Planos B."
James Yorke, matemático norte-americano

Primeiro, defina – em uma declaração – o que é que você quer solucionar. Depois, use SCAMPER para enxergar o obstáculo de formas diferentes.

- **S = Substituir.** O que poderia ser substituído em nosso plano original? Pense em quem mais, o que mais, outras metodologias ou uma abordagem diferente.
- **C = Combinar.** Com o que poderíamos combinar isso? Uma mistura, sortimento ou grupo diferente. Quais as outras duas – ou mais – coisas que poderíamos juntar?
- **A = Adaptar.** O que podemos alterar para solucionar o problema? Fazer de forma diferente? Com o que se assemelha? Será que já fizemos isso antes? Existe alguma coisa que podemos copiar?
- **M = Modificar, ampliar, minimizar.** Será que podemos reduzir o obstáculo? Será que podemos aumentar alguma coisa para superá-lo? Que características poderiam ser aumentadas ou diminuídas?
- **P = Pensar de outra maneira.** O que é que já temos que poderia ser usado de uma forma diferente? Será que existe alguma coisa que poderíamos usar para fins diferentes? Será que podemos usar alguma coisa em outro contexto?
- **E = Eliminar.** Do que poderíamos nos desfazer? Será que podemos deixar alguma coisa de fora? Condensar ou concentrar? Remover alguma coisa?
- **R = Reorganizar ou inverter.** O que podemos mudar de lugar ou misturar? Podemos inverter os elementos? Talvez até virar alguma coisa de cabeça para baixo? Por que não mudamos a nossa perspectiva ou o prazo?

Escolha qualquer letra da lista e use-a como um gancho para fazer perguntas a si mesmo. Anote os pensamentos gerados e veja quais ideias podem ajudá-lo a negociar o obstáculo com mais sucesso.

Inovação é aplicar a solução criativa de maneira prática.

Capítulo 6
Influência da liderança

Grandes influenciadores compreendem o cenário político da organização. Se você também tem essa visão, o que vem a seguir será muito mais fácil. Construa relacionamentos de confiança com as pessoas-chave, oferecendo a sua ajuda, quando apropriado. Você pode esperar favores em troca. Para conhecer esses influenciadores e também se tornar um, você deve ser bom em fazer networking, ou seja, desenvolver uma rede de relacionamentos com pessoas que poderão influenciar a sua carreira de maneira positiva. Influenciar, como é de se esperar, envolve comunicação, e o capítulo termina com dicas sobre apresentações e a arte de escrever de forma clara e concisa.

6.1

Compreenda a política

Por que alguns líderes executam bem todas as suas funções e mesmo assim têm pouco impacto em suas organizações? Uma das razões é que lhes falta "esperteza política" e eles não valorizam a dinâmica subjacente informal do poder que influencia o sucesso das principais iniciativas.

Então, o que fazem as pessoas que têm essa "esperteza"? Bem, elas sabem o que elas podem ou não controlar. Elas sabem quando agir. Quem está com elas e quem estará contra elas. Elas são boas em influenciar os outros para ficarem do "seu lado". Em resumo, elas têm um mapa detalhado do território político da organização e de onde cada um se encontra.

1 **Seja você mesmo.** No início, você leu sobre o poder de ser autenticamente você. Demonstre integridade, coragem e confiança. Esta autenticidade atrai os outros para você.

2 **Relacione-se com todos do seu círculo de influência.** Construa relações fortes com os que o rodeiam. Seja generoso com o seu tempo e o seu conhecimento especializado.

3 **Controle as suas respostas verbais.** Quando é o momento certo para conversar sobre este assunto? Qual é a melhor forma de apresentar o assunto para manter todos com você?

> **Minuto de reflexão** – Na sua organização, quem são os principais integrantes que têm poder de verdade? Quão bem você os conhece? De que maneira a influência deles poderia lhe ser proveitosa? Qual é a opinião deles sobre você e o seu trabalho?

4 **Comunique-se com os escalões superiores com a mesma habilidade com que você se comunica com os hierarquicamente abaixo de você.** Reconheça que o seu chefe e o chefe do seu chefe são grandes influenciadores sobre o que você pode alcançar. Mas não faça disso uma coisa exaustiva.

5 **Adquira habilidade para influenciar.** Observe o que funciona e o que não funciona com as pessoas. Escolha o momento certo se você precisar fazer alguma coisa acontecer. Desenvolva uma ligação com as pessoas importantes para o seu trabalho.

6 **Observe os outros.** Dê um passo para trás e veja o que chateia determinados influenciadores. O que os deixa indiferentes? O que os entusiasma? Compreenda as interações que ocorrem quando os influenciadores se reúnem.

Entenda as alavancas políticas existentes na sua organização e as pessoas que as acionam.

6.2

Influência: abra uma conta hoje!

À medida que você for compreendendo a dinâmica da política da empresa, perceberá a possibilidade de conseguir que pessoas influentes o ajudem a alcançar os seus objetivos. Mas como podemos influenciar os outros quando não temos nenhuma autoridade?

Aqui estão seis grandes técnicas para criar influência junto aos outros.

1 Seja claro quanto a que você quer. Você vai comunicar os seus objetivos às pessoas que acredita poderem ajudá-lo. O que elas quiserem será uma mensagem clara de como podem ajudar nesses objetivos.

2 Abra "contas bancárias emocionais" com os colegas. Essa é uma "conta poupança" na qual ambos depositam. Cada um faz "depósitos" com gestos, como uma ajuda ou um conselho. Certifique-se de que você tenha créditos antes de fazer retiradas!

3 Interaja regularmente com as pessoas que você pretende influenciar. Antes de você influenciar alguém, terá de fazer algum trabalho de base. Primeiro construa o relacionamento, antes de pedir que lhe deem apoio.

> **Minuto de reflexão** – Com quem você mantém contas bancárias emocionais? Com que frequência você faz retiradas dessa conta? Com que frequência os outros fazem retiradas? Quem faz mais retiradas? Com quem mais você deve compartilhar uma conta bancária emocional? Há algum influenciador-chave com quem você precisa abrir uma conta?

4 Use comportamentos que influenciam a "atração". Influência de "atração" é motivar os outros a quererem ajudar. Por exemplo, mostrando como os benefícios das suas iniciativas também terão resultados positivos para eles.

5 Entenda os objetivos do outro, incluindo os de longo prazo. Todo mundo tem um projeto para o qual trabalha. Pesquise esse projeto. Mostre como ele coincide com o seu objetivo. Assim, você terá mais chances de trazer o outro "a bordo".

6 Procure o "ganho mútuo". As pessoas são mais receptivas à influência dos outros quando temos o cuidado de considerar o "ganho" delas. A sua pesquisa deve determinar qual será a situação de "ganho" para elas.

Se houver pessoas superiores hierarquicamente a você, então, é importante não tratá-las como deuses. Elas fazem parte – como você faz parte – de um esforço organizacional para criar valor real. Pense nelas como "parceiras" em seus esforços. Isso não deixará que você as coloque em um pedestal e lhes peça "permissão" para apoiarem os seus projetos.

Abrir contas bancárias emocionais com pessoas-chave é vital para exercer maior influência.

6.3

Relacionamento com a sua rede de contatos: dar e receber

O pessoal de vendas sempre diz que os compradores não compram a sua empresa; eles compram você. Você é a sua empresa, o seu departamento e a sua equipe. Você é uma autoridade simbólica que pode fazer a ligação com os outros e estabelecer uma rede de contatos de conhecimentos e contatos que tornam a vida da sua equipe muito mais fácil. Então, vamos ver as habilidades necessárias para estabelecer uma boa rede de relacionamentos de forma eficaz.

As duas habilidades mais importantes ao relacionar-se são ouvir com atenção e fazer perguntas. Você pode notar que eu não disse "conversar". Quando estamos conversando, não aprendemos.

> **Estudo de caso** – Eu costumava trabalhar para uma das pessoas com mais habilidade de desenvolvimento de rede de relacionamentos que conheci. Charles me mostrou o valor que saber estabelecer uma boa rede de relacionamentos tem para um líder. Uma das minhas recordações favoritas envolveu um atraso de duas horas no Aeroporto de Calcutá, na Índia. Tranquilo, Charles começou a conversar com um dos outros passageiros frustrados. Eles trocaram algumas anedotas, infor-

Então, vamos ver algumas dicas sobre estabelecer uma boa rede de relacionamentos.

- **Primeiro, estabeleça para si mesmo um objetivo de manter uma boa rede de relacionamentos.** Por exemplo, no final desta conferência, eu terei os cartões de visita de cinco pessoas que eu gostaria que fizessem parte da minha rede de relacionamentos.
- **Construa confiança.** As pessoas sempre se avaliam quando se encontram pela primeira vez. Certifique-se de causar uma impressão positiva, confiável e capaz de trazer nova visão comercial.
- **Pergunte mais do que responda.** Descubra o máximo que puder de cada pessoa. Descubra oportunidades.
- **Seja sempre positivo.** Se alguém fizer um comentário negativo, desconverse, sempre. Você nunca sabe quem está ouvindo ou onde a sua resposta negativa pode acabar.
- **Seja generoso.** Digamos que surja algo na conversa sobre o qual você tem alguma informação. Então, se ofereça para enviá-la a eles. Qualquer que seja o gesto, procure fortalecer o contato.
- **Apresente-se sempre para alguém que está sozinho.** Eles ficarão contentes de conversar e, se a conversa ficar difícil, você sempre pode se desculpar e sair.

Uma regra para construir grandes redes de contato é que "a generosidade se paga".

mações e cartões de visita. Eu não pensei mais no assunto, mas, alguns meses depois, o projeto com o qual estávamos envolvidos topou com um obstáculo relacionado à legislação societária indiana. Charles foi direto para o computador e enviou um e-mail, solicitando esclarecimentos sobre a nossa posição legal. Em um dia, chegou a resposta de que ele precisava – do passageiro com quem ele havia conversado, alguns meses antes, no aeroporto de Calcutá!

6.4

Negocie para que todos ganhem

Todo mundo negocia. Desde os executivos do alto escalão até as crianças com seus pais. Negociar não é "ter uma carta na manga" ou sair com tudo que você queria. Você sempre tem de considerar o outro lado. Especialmente, se for um relacionamento que você precisa cultivar.

Negociar deve envolver a troca de um recurso valioso por outro, para que as duas partes alcancem um resultado satisfatório de "ganho mútuo". Existem cinco etapas de negociação.

1 Planejamento. Decida o que o faria muito feliz se você obtivesse. E que provavelmente você irá conseguir. Qual é o mínimo aceitável para você? Tenha isso claro antes de negociar.

Estudo de caso – Ocasionalmente, eu me deparo com negociadores ruins. Um deles foi Steve, o diretor de vendas de uma rede de hotéis. Ele usava a mesma tática de abertura todas as vezes:
– Michael, você sabe que eu não posso justificar os preços do ano passado neste clima, então vou precisar que você seja razoável.

2 **Proposta.** É a ocasião em que os dois lados declaram seus respectivos casos. Lembre-se de que a impressão que você causar nesta etapa irá influenciar a percepção que o outro lado faz de você.

3 **Discussão.** Aqui os dois lados exploram os méritos das propostas um do outro.

4 **Barganhar.** Normalmente, ambos os lados têm que fazer concessões para chegarem a um acordo. Durante a "negociação", você não deve jamais conceder algo de grande valor por algo de pouco valor.

5 **Fechamento.** Uma negociação foi acordada e agora as duas partes confirmam o contrato. Compromissos são feitos e a próxima etapa já está decidida.

Todos os negociadores têm um MAPAN. Essa sigla significa "Melhor Alternativa Para um Acordo Negociado". Nem sempre é fácil decidir o seu MAPAN ou "retirar-se". Mas ter um caminho alternativo, no caso de a negociação fracassar, é importante. Significa que você não investiu tudo na negociação propriamente dita. Isso lhe dá um poder maior de barganha.

Planejar é a etapa mais crucial de qualquer negociação.

"Razoável" para Steve era o código para "reduza os preços". "Neste clima" também não tinha significado. Independentemente de ser um bom ou mau ano, ele sempre dava a entender que os negócios estavam fracos. Essa tática me irritava e significava que nunca iríamos negociar de uma forma aberta e honesta. Os negociadores "ganha-perde", como Steve, raramente desfrutam de relacionamentos de longo prazo com os outros.

6.5

Escute para aprender

Certamente, não precisamos falar sobre escutar. Nós o fazemos o tempo todo! Em 1998, uma pesquisa constatou que o indivíduo gasta, em média, cerca de 42% a 60% do tempo da comunicação diária ouvindo. Mas ele pode esquecer, ignorar ou não entender até 75% do que ouve. É uma estatística preocupante para qualquer líder.

Quando um líder tem problemas de comunicação, eu sempre começo trabalhando a sua habilidade de escutar. Ao melhorar a habilidade de escutar, outros aspectos da sua comunicação geralmente melhoram também.

■ **Escute atentamente.** Escutar com atenção é um traço muito motivador em um líder. Ele demonstra que o que o funcionário está dizendo é importante. Claro que, quando se tratar de escutar o líder, essa atenção motivará o funcionário a também escutar com atenção.

■ **Conheça a "Lei de Escutar".** O que é isso que estamos ouvindo? Eu adoro a "Lei de Escutar" que diz: "O teste para escutar é aprender". Muitas pessoas não escutam. O que elas fazem, na verdade, é apenas confirmar as informações que já conhecem. Quando uma pessoa diz alguma coisa com a qual elas não concordam, param de escutar, porque aquela pessoa não sabe o que está falando!

■ **Escute os sentimentos.** Os grandes ouvintes não escutam apenas o que é dito. Eles escutam os sentimentos também. As emoções são, com frequência, mais importantes do que as palavras. Elas

> **"Saiba escutar e você se beneficiará, inclusive com aqueles que falam demais."**
> **Plutarco, filósofo e historiador ancião grego**

representam a verdadeira essência da mensagem. Em geral, as palavras são apenas uma camada fina superficial do significado.

- **Fique em silêncio.** Como se tornar um melhor ouvinte? Bem, algumas pesquisas recomendam que você se obrigue a ficar em silêncio. Isto faz com que concentre a sua atenção no que está acontecendo ao seu redor. Você vai ficar chocado com o quanto começa a ouvir de verdade.

- **Sempre mantenha os seus julgamentos para você mesmo.** Quando alguém disser alguma coisa da qual você realmente discorda, diga para si mesmo: "Discordo totalmente do que essa pessoa está dizendo. Que grande oportunidade para aprender."

- **Faça perguntas.** Fazer perguntas relacionadas ao que o outro está dizendo prova que você está ouvindo com atenção. Apenas olhar para a pessoa quando ela estiver falando não significa escutar. Logo, logo, ela perceberá que você está "desligado".

Se escutarmos somente as coisas que já sabemos, nunca aprenderemos nada novo.

Não se desligue porque você discorda de alguma coisa que o outro disse.

6.6

Prepare-se para as apresentações

Uma das obrigações de qualquer líder é falar na frente dos outros – geralmente, usando PowerPoint ou outra ferramenta de apresentação visual. Nem todo mundo se sente igualmente confortável com isso. Mas não se desespere. Se não for um dos seus pontos fortes, então permita-me compartilhar estas dez dicas ótimas sobre apresentação com você.

1 **Prepare-se muito bem.** Faça um *brainstorming* ou um mapa mental com a sua apresentação. Escreva cada tópico em um adesivo separado. Organize-os cronologicamente na ordem da apresentação.

2 **Pratique!** Pratique a apresentação inteira por duas vezes. Ensaie os cinco minutos de abertura repetidamente até que estejam perfeitos. Uma abertura benfeita transmitirá confiança.

3 **Conquiste a atenção do público desde o início.** Conte uma história engraçada – esteja seguro de que ela realmente é engraçada – ou uma estatística impressionante.

4 **Relaxe.** Se você estiver nervoso, procure manter a calma. Circule pela sala, se isso o deixar mais relaxado. As pessoas vão relaxar com você.

5 **Não se agite.** Não fique mexendo nervosamente em uma caneta ou outro objeto durante a apresentação. Use as mãos para se expressar. Senão, mantenha-as entrelaçadas à sua frente.

Minuto de reflexão – Qual foi o apresentador que lhe agradou? O que ele fez para manter o público interessado? De que maneira lógica ele chegou aos principais pontos que ele queria passar? Quão bons eram os recursos visuais? Quais aprendizados você pode tirar para melhorar o seu estilo de apresentação?

6 Seja entusiasmado. Um palestrante empolgado, entusiasmado, pode cometer todos os erros contidos neste livro e, ainda assim, ser ouvido com muita atenção pela plateia. Seja entusiasmado, e ela ouvirá cada uma das suas palavras.

7 Não exagere no uso do PowerPoint. Usada com moderação, o PowerPoint é uma ferramenta visual muito útil. Mas esteja preparado para usar outra mídia também – ou até mesmo nenhuma!

8 Envolva a plateia. Peça aos ouvintes que façam comentários sobre os slides. Estimule discussões breves. Experimente pontuar a sua apresentação com oportunidades para os outros contribuírem.

9 Certifique-se de que a sua "chamada para ação" venha por último. Se você quer que as pessoas assumam um compromisso, então assegure-se de que a sua chamada esteja em seus últimos slides. As pessoas se recordam facilmente dos pontos de encerramento de uma apresentação.

10 Lide com perguntas. Se você não souber a resposta, diga isso a quem perguntou. Ou, primeiro, peça para que a platéia contribua com ideias e, então, acrescente a sua resposta.

A prática elimina as dificuldades de se fazer uma apresentação.

6.7

Escreva da mesma forma que você lidera

Meu antigo professor de inglês, sr. Culligan, era um grande homem.
– Você fala como escreve – ele costumava dizer.
E ele estava certo. Agora, eu tenho o meu ditado: "Você escreve da mesma forma que lidera." A forma como qualquer comunicação escrita é elaborada transmite algo do seu estilo de liderança. Ela vai falar por meio das suas palavras.

De que vale ser corajoso, ambicioso e brilhante na relação interpessoal, se você contradisser tudo isso com e-mails desleixados, sem nexo e gramaticalmente incorretos? Os líderes têm que dominar todas as formas de comunicação escrita. Eles devem se lembrar de que todos os tipos de comunicação podem ter um impacto real sobre o seu pessoal.

Quando é que vamos utilizar a comunicação escrita? Alguns exemplos que me veem à mente são os boletins eletrônicos, e-mails, notas pessoais, apresentação de slides, notas de margem em relatórios e documentos de avaliação. Todos eles, cada um da sua maneira, são registros permanentes e precisam ser cuidadosamente elaborados.

Então, vamos apresentar algumas regras para uma boa comunicação escrita.

■ **Use vocabulário compreensível a todos.** Evite palavras complicadas ou altamente técnicas. Escrever em linguagem simples

"Quatro premissas básicas da escrita: clareza, concisão, simplicidade e humanidade."

William Zinsser, editor e escritor norte-americano

é uma habilidade. Por exemplo, em vez de "Estou consciente...", fica melhor usar "Estou ciente..."

- **Jamais confie em corretores ortográficos.** Enquanto escrevia este livro, eu digitei a palavra "exceto", ou melhor, achei que tivesse digitado. O corretor ortográfico não viu nada errado com o que eu havia digitado de fato, ou seja, "excerto".
- **Evite gírias.** Você pode entender o que significam, mas será que o seu leitor entenderá?
- **Não use expressões idiomáticas.** Elas não são traduzíveis e sugerem um grau de informalidade que pode ser inapropriado.
- **Somente use siglas que o leitor pode entender.** Todo mundo pode entender o significado de "EUA", mas ter dificuldade com alguma sigla menos conhecida. Se você for usar siglas, então, explique-as entre parênteses na primeira vez em que ela for utilizada.
- **Escreva corretamente os nomes das pessoas.** É constrangedor escrever "Mark é um integrante-chave" e depois descobrir que o nome correto é "Marc". Isso mostra uma verdadeira falta de atenção aos detalhes.
- **Escreva frases curtas.** Isso irá garantir que as pessoas entendam o seu significado. Frases longas são mais confusas e dificultam o entendimento.

As comunicações escritas revelam muito sobre você, por isso merecem um cuidado especial.

Capítulo 7
Liderança e a equipe

O melhor líder é aquele que a equipe escolhe seguir. Para ser um líder de sucesso, você precisa ter uma grande equipe com você. Mas a equipe tem que ser dinâmica, focada e com capacidade de entregar. Este capítulo explica como criar o ambiente certo para as pessoas assumirem novas responsabilidades. Ele também mostra como liderar nesta era de equipes virtuais e teleconferências.

7.1

Forme uma equipe que tenha autonomia

As tendências vão e vem. Mas, de alguma forma, a palavra "autonomia" parece nunca desaparecer. Acredito que seja porque, por trás da palavra, enxergamos alguma essência. Mas primeiro vamos acabar com a ideia de que você "dá autonomia às pessoas". Eu acredito que você cria as condições para as pessoas se sentirem com autonomia.

Se você procurar, vai achar muitas tentativas para definir a palavra autonomia. Eu a vejo como "capacitar uma equipe e infundir-lhe a crença de que pode tomar decisões que impactam a organização em que trabalham". Decisões que não são pequenas, como mudar o estilo do clipe de papel, mas sobre "grandes coisas" das quais o grupo faz parte.

Mas fazer uma equipe sentir que tem autonomia não acontece do dia para a noite. É um longo processo que você vai ter que encarar. Então, vamos ver como se reconhece uma equipe com autonomia.

- **Ela tem o poder de tomar decisões.** Isso fere o microgerente, que vê isso como um "suicídio organizacional". Mas, se você realmente quiser dar autonomia, então tem que introduzir um nível de independência.
- **Ela tem acesso às informações.** Se você quiser que as decisões sejam boas decisões, então permita o acesso da equipe a todas as informações que os membros precisam.

> **"A função do líder é produzir mais líderes, e não mais seguidores."**
> **Ralph Nader, advogado e ativista norte-americano**

■ **Ela tem acesso aos recursos.** Uma grande falha de muitas iniciativas para dar autonomia é que jamais dão os recursos necessários para apoiar o processo. Recursos podem ser pessoas, dinheiro, instalações, etc.

■ **Ela está empolgada com uma crença interna de que realmente faz diferença.** Equipes sem autonomia acreditam que não podem mudar nada. Equipes com autonomia têm uma convicção genuína de que realmente podem ter um impacto positivo.

■ **Ela tem senso de responsabilidade.** Ela responde por suas decisões. Se um líder "levar a culpa", então a responsabilidade jamais foi verdadeiramente dada à equipe, para começar.

■ **Ela mesma se organiza.** Os membros da equipe têm que demonstrar capacidade de trabalhar em conjunto, organizar a própria carga de trabalho e providenciar os recursos por conta própria.

Levar uma equipe a essa etapa é uma grande realização para um líder. Mantê-la lá é outra coisa. Uma ação que certamente o ajudará é elogiar as boas decisões tomadas por ela. Deixar de fazer isso – ou somente mencionar as ocasiões em que ela erra – é estar a um passo de explodir o balão da autonomia.

Uma equipe com autonomia toma decisões que têm impacto real no sucesso da organização.

7.2

Desafie essa equipe!

O mundo está cheio de teorias motivacionais. Muitas são interessantes, mas difíceis de aplicar nas atividades do dia a dia da vida profissional. Então, vamos deixar as teorias de lado e discutir como fazer a sua equipe dar o máximo. O que pode ser feito para manter um forte desejo interno pela realização?

Equipes de sucesso são aquelas que funcionam em um alto nível de capacidade. Saber que você faz parte de uma grande equipe é muito inspirador por si só. Porque você está liderando um grupo de indivíduos altamente capazes, tem que continuar a entusiasmá-los e inspirá-los no sentido de novos desafios. Isso mantém a motivação no nível que você deseja. Aqui, estão algumas dicas para mantê-la em ascensão!

■ **Surpreenda as pessoas com desafios reais.** Chame-as em particular e dê um trabalho interessante e significativo. Isso quebra a rotina do dia a dia e empolga-as com a perspectiva de uma missão interessante.

> **Estudo de caso** – Uma organização com a qual eu trabalho sabe que usar os funcionários para recrutar é uma ferramenta motivacional real. Não apenas a pessoa da recepção pode influenciar, mas também a equipe com a qual o candidato irá trabalhar. A funcionária da recepção avalia seus valores. Ela conversa educadamente e então avalia o grau de receptividade e simpatia dos candidatos. Alguns candidatos, diz ela, reser-

"Nunca diga às pessoas como fazer as coisas. Diga-lhes o que fazer e elas vão surpreendê-lo com sua criatividade."
George Patton, general dos EUA

- **Use objetivos desafiadores.** Nem sempre as pessoas percebem do que elas realmente são capazes. Se você acredita que alguém pode realmente dar conta de um "objetivo desafiador", então faça isso acontecer.
- **Conheça o que motiva cada indivíduo.** Parece óbvio? Alguns líderes não fazem isso. Cada um de nós é motivado por coisas diferentes – descubra quais são elas e lidere com esses motivadores em mente.
- **Traga a equipe para o seu mundo.** Mostre-lhes quais são os seus problemas. O ângulo do qual você está enxergando os problemas. Apresente um ponto de vista da liderança.
- **Envolva profundamente as pessoas.** Uma responsabilidade superficial raramente motiva alguém. Mas ter um compromisso sério e envolvente com algo pode ser muito motivador.

Desafie as pessoas e envolva-as profundamente no trabalho que fazem.

vam a sua simpatia para o painel de entrevista. Com isso, os funcionários aprenderam algo importante sobre suas atitudes para com as pessoas! Depois da entrevista, a equipe bate papo com o candidato. E descobre muita coisa, porque o candidato, geralmente, acredita que a entrevista já acabou. O sucesso desse método de recrutamento é refletido num índice impressionante de retenção de funcionários.

7.3
Perturbe a forma de raciocinar da equipe

Como um líder, é vital que a sua equipe não comece a ter "identidade de grupo". Ou seja, quando um sentimento de camaradagem e coesão fortes começa a tirar a objetividade da equipe. Em vez de os integrantes serem vistos como os "perturbadores do equilíbrio de uma situação" nas reuniões, eles sentem que devem preservar o sentimento de união da equipe.

Aqui, estão alguns dos sinais que vão ajudá-lo a perceber quando a sua equipe estiver sofrendo de "identidade de grupo":

■ Os membros da equipe não consideram toda a gama de alternativas disponíveis ao avaliarem um problema.
■ Uma vez que escolheram uma possível solução, não a examinam com profundidade para testar os pontos fortes e fracos.
■ Se alguma vez eles já rejeitaram uma alternativa, não irão reconsiderá-la sob a luz de novas informações. "Nós já tentamos antes."

Minuto de reflexão — Alguma vez a "identidade de grupo" já infectou uma equipe da qual você fazia parte? Que decisões ruins foram tomadas em razão disto? Quando a equipe começou a cair nesta armadilha? O que você pode fazer para que a sua equipe não comece a agir com tal conformidade?

- Eles não pesquisam as opções com objetividade. Quando muito, podem apenas coletar provas que reflitam suas escolhas tendenciosas.
- Eles nunca consideram os planos de contingência.

Mas não se desespere! Aqui, estão algumas técnicas muito proveitosas para você ter certeza de que isso não vai acontecer.

- **Conte à equipe o que é "identidade de grupo".** É uma ótima forma de deixar todos conscientes dessa questão. A maioria das pessoas pensa que isso é o que elas podem estar fazendo.
- **Use a "presidência rotativa" para as reuniões.** Não presida todas as reuniões você mesmo. Faça com que outras pessoas se revezem na liderança delas. Isso muda a dinâmica e muda a ênfase do poder na equipe.
- **Considere o ponto de vista de fora.** Você conhece alguém que tenha um ponto de vista de fora sobre o que está sendo discutido? Convide-o para fazer uma apresentação desafiadora para a equipe.
- **Não deixe a equipe conhecer o seu ponto de vista.** Isso, algumas vezes, canaliza o raciocínio da equipe. Reserve-o para você mesmo e veja em que os outros acreditam.
- **Faça o papel de advogado do diabo.** Você mesmo pode fazê-lo ou pode conseguir alguém para fazer esse papel. Desafie a sabedoria convencional. Peça às pessoas que justifiquem as opiniões dadas. Argumente contra o ponto a partir de vários ângulos diferentes.
- **Faça as pessoas consultarem e apresentarem um relatório na volta.** Isso nem sempre é possível, se você estiver sob pressão de tempo. No entanto, tira as pessoas por um tempo do grupo e permite que explorem pontos de vista próprios.

Desafie as formas tradicionais com que a sua equipe faz as coisas para evitar que os integrantes caiam na armadilha da "identidade de grupo".

7.4

Seja o mentor dos seus aspirantes a líder

O meu desafio para os líderes é perguntar quem eles estão preparando atualmente para assumir o lugar deles. As pessoas não nascem prontas para a liderança. Mesmo que tenham todas as habilidades apresentadas neste livro, ainda vão precisar ser preparadas para a liderança. Orientá-las como um mentor é uma das técnicas mais eficazes que você pode usar.

As pessoas têm necessidades diferentes de um mentor. Algumas querem um "especialista" para ajudá-las com as coisas técnicas. Outras querem alguém com quem possam "bater bola com ideias". Descubra de que tipo de mentor os seus aspirantes a líder gostariam.

A liderança com frequência é um papel solitário. Nem sempre é possível procurar alguém para se aconselhar. Então, os aspirantes precisam estar preparados para serem capazes de operar de forma independente. O seu papel nisso? Bem, você agora é o líder e a jornada lhe ensinou muito. Com certeza, tudo o que você pode fazer é transmitir a essência da sua sabedoria.

Espere aí! Fazer isso não vai desenvolver um líder. Os aspirantes não vão ter que resolver exatamente as mesmas questões que você. Então, não é possível simplesmente dar um manual de liderança para

"Mentor: alguém cujos erros passados podem se tornar os seus acertos futuros." **Anônimo**

eles. Mas você pode desenvolver algo muito mais valioso: a capacidade de pensarem por si mesmos.

Você vai ter que exercitar o "músculo" do raciocínio dos aspirantes a líder. E, como qualquer outro músculo, se não for usado, pode definhar. Então, certifique-se de jamais raciocinar por eles. Leve-os a começar a pensar por si mesmos. Como mentor deles, você deve relutar em responder a perguntas. Lembre-se de que o objetivo é fazer com que eles raciocinem de forma independente. Por exemplo:

— Eu não sei como lidar com o novo diretor de marketing. Ele é muito grosso.

— Você tem que se impor, Nikki. Mostre a ele que você não é uma maria vai com as outras.

Errado! Você acabou de desmotivar o músculo do raciocínio da Nikki. Vamos tentar novamente.

— Eu não sei como lidar com este novo diretor de marketing. Ele é muito grosso.

— O que ele faz para que você se sinta assim, Nikki?

Na sequência, o comportamento do diretor pode ser explorado. Por que ele faz isso? Depois, faça Nikki raciocinar sobre como ela poderia lidar com a situação.

Ser mentor de alguém pode ser dar conselhos. Mas, quando você está preparando um líder, precisa se certificar de que está desenvolvendo as habilidades da pessoa, e não exibindo as suas.

Ser o mentor de um futuro líder é desenvolver a capacidade dele de pensar por si mesmo.

7.5

Confie na equipe virtual

Algumas organizações abandonaram a hierarquia tradicional. Mas, como se ela não fosse complexa o suficiente, as empresas acabaram acrescentando uma segunda camada de dificuldades para os líderes: criaram equipes virtuais com membros situados em locais diferentes de todo o mundo. Aqui, estão nove dicas para ajudá-lo a liderar a sua equipe virtual com sucesso.

1 **Comece com todos em uma sala.** Fazer as pessoas se encontrarem pessoalmente, na primeira vez, muda a forma como se sentirão em relação às outras.

2 **Comece com algumas regras básicas.** Faça as pessoas aderirem a algumas regras básicas de cortesia para trabalharem juntas. Estabeleça regras sobre contribuir, discordar e os "códigos de comportamento" como um todo e que será esperado delas.

3 **Certifique-se de lidar com todos igualmente.** Algumas pessoas que compartilham o local com o líder muitas vezes recebem um tratamento mais favorável. Não deixe isso acontecer.

4 **Conheça melhor as pessoas fora das reuniões da equipe.** Converse sozinho com cada membro da equipe. Da mesma forma que você faria, se eles se sentassem no escritório com você.

Minuto de reflexão – Quantas destas 9 dicas você pode dizer, com certeza, que está seguindo? Em qual delas você acha que precisa trabalhar? Qual é a primeira coisa que você pode fazer para melhorar a forma como gerencia a sua equipe virtual? O que a equipe o veria fazer de forma diferente?

5 **Forneça feedback relevante e oportuno para todos os membros.** Lembre-se de dar o mesmo tempo de feedback para cada um. Não deixe nenhum funcionário trabalhar sem feedback.

6 **Considere os fusos horários.** Se você quer que os integrantes contribuam plenamente, não marque as reuniões no horário em que os membros-chave estariam dormindo. Você provavelmente vai descobrir logo que eles estão!

7 **Entenda as culturas das pessoas com quem você trabalha.** Aprenda alguns dos "códigos de conduta" que funcionam em diferentes culturas. Lembre-se, por exemplo, de que, em algumas partes do mundo, "sim" não significa sempre "sim".

8 **Pense sobre o que você diz.** Procure se certificar de que as suas palavras não possam ser mal interpretadas ou mesmo entendidas literalmente. Evite palavras locais e expressões idiomáticas.

9 **Seja coerente em suas premiações e reconhecimentos.** De novo, evitar favorecer determinados indivíduos em detrimento de outros.

Como líder, espera-se que você seja tecnicamente capaz e tenha as habilidades normais para gerir projetos. Você também deve estabelecer padrões para a forma como as pessoas devem se comunicar e interagir umas com as outras.

Dê o mesmo peso para as necessidades de todos os membros da equipe.

7.6

Anime as suas teleconferências

Presidir uma reunião com todos na sala já é bastante difícil. Mas liderar uma reunião quando os participantes estão discando de todas as partes do globo é um verdadeiro desafio! Hoje em dia, muitos líderes usam a teleconferência pelas grandes vantagens que ela traz. Mas estas vantagens existem somente quando o líder utiliza estas dez técnicas de teleconferência importantes.

1 **Use a sua voz de forma eficaz.** Certifique-se de que você varia o tom de voz. Uma voz cansativa pode fazer todos dormirem e perderem o interesse.

2 **Siga as regras normais de condução de reuniões.** É o que se espera de qualquer presidente competente. Mantenha a pauta e controle as interrupções não desejadas. Mantenha o entusiasmo em alta e garanta a contribuição de todos.

3 **Apresente-se e informe a finalidade da reunião.** Ao fazer isso, você está dando o tom da teleconferência. Certifique-se de estar preparado, entusiasmado e não se estender demais.

4 **Garanta a todos que se apresentem no início.** Primeiro, você se apresenta, depois pede a cada um que faça o mesmo.

5 **Lembre as regras básicas para todos.** Elas devem ter sido decididas na primeira reunião. Repasse-as para que todos estejam cientes de como irão garantir que a teleconferência seja eficaz.

6 **Não permita que um participante domine.** Caso alguém tenha que apresentar muita informação, de vez em quando peça a outro participante que comente o assunto, para que as pessoas não escutem apenas uma voz.

7 **Use nomes para apresentar as pessoas.** Contate as pessoas com frases como "Sérgio, em São Paulo, como isso afeta..."

8 **Mantenha a teleconferência democrática.** Mantenha nota de quais pessoas e locais estão contribuindo. Solicite comentários daqueles que ainda não se pronunciaram.

9 **Atenha-se ao tempo da reunião.** Em geral, as pessoas têm outras reuniões marcadas após a sua. Respeite isso. Use a pressão de tempo para manter as contribuições dos participantes concisas e diretas ao ponto.

10 **Encerre a teleconferência de maneira profissional.** Resuma o que ficou combinado e recapitule as medidas a serem tomadas. Peça aos participantes sugestões para melhorar a próxima teleconferência.

Um erro comum é tentar abranger muita coisa em uma só teleconferência. É muito melhor abranger de três a cinco pontos muito bem, em vez de passar superficialmente por eles.

Mantenha a conferência animada e tente fazer com que todos participem.

Índice de jargões

Advogado do diabo
Alguém argumentando contra uma determinada posição. A pessoa que argumenta não tem compromisso com o que está defendendo, apenas assume o papel para testar a validade de uma posição.

Barganha
Em negociação, a troca de um item de valor por outro de igual valor.

Brainstorming
Um método dinâmico de fazer uma equipe sugerir ideias e ações antes que sejam avaliadas de forma crítica.

Colaboração
Em administração, colaboração é definida como trabalhar em conjunto (muitas vezes, com alguém de fora da equipe) para alcançar um objetivo e garantir um benefício para o negócio.

Competência
A capacidade de fazer bem alguma coisa. Executar uma tarefa dentro do padrão necessário.

Criar imagens
Traduzir conceitos em uma imagem visual para que as pessoas retenham a essência da mensagem mais facilmente. Por exemplo, a transmissão de condições difíceis como uma "tempestade".

Cultura
Geralmente vista como sendo as crenças e costumes gerais de um grupo de pessoas.

Curva de mudança
As etapas pelas quais os funcionários passam quando eles experimentam mudanças em suas vidas.

Decisão difícil
Uma decisão difícil que tem que ser feita, geralmente, entre duas alternativas igualmente pouco atraentes.

Equilíbrio entre trabalho e vida pessoal
Priorizar as demandas, tanto do trabalho quanto da vida pessoal, de modo que cada um receba a atenção necessária.

Esperteza política
Uma visão perspicaz da dinâmica de uma organização que ajuda um indivíduo a alcançar os seus objetivos. Com frequência, um conjunto de regras não escritas sobre como trabalhar com sucesso dentro de uma estrutura.

Estratégia
Um plano detalhado para alcançar com sucesso um objetivo previsto. Geralmente, baseado em: Onde estou agora? Aonde eu quero chegar? Como farei para chegar lá?

Funcionários que "vestem a camisa"
Um funcionário que por conta própria dissemina e manifesta uma mensagem estratégica ou comportamento importante para outros em uma equipe.

Mapa mental
Um diagrama que organiza tarefas, ideias ou palavras agrupadas em torno de uma ideia ou palavra-chave central. Desenvolvido por Tony Buzan e amplamente usado em todo o mundo.

Microgerente
Um gerente que não confia em seus funcionários e supervisiona de perto cada pequena ação e atividades deles.

Motivação
O entusiasmo que alguém tem na realização de uma tarefa ou responsabilidade. Também a razão ou a necessidade para garantir que uma tarefa seja executada.

Política da porta aberta
O comportamento de um gerente que estimula os seus funcionários a se sentirem à vontade para se aproximarem dele em qualquer momento que queiram ou precisem discutir assuntos importantes.

Presidência rotativa
A prática de permitir a cada membro da equipe – um após o outro – presidir uma reunião no lugar do líder da equipe.

Rede de contatos
A prática de estabelecer relações de benefício mútuo com outras pessoas que geralmente não fazem parte do seu círculo imediato de contatos.

Retrabalho
Retornar a uma tarefa concluída e aprimorá-la para satisfazer um padrão mais elevado.

Tema principal
A mensagem principal que você quer que as pessoas retenham.

Visão global
A perspectiva completa de uma situação ou questão.

Zona de conforto
No trabalho, um ambiente no qual alguém pode desempenhar as suas tarefas sem risco de ser desafiado. Uma fronteira mental ou física na qual alguém permanece.

COLEÇÃO
SEGREDOS PROFISSIONAIS

Os livros da série *Segredos Profissionais* são indispensáveis para aprimorar suas habilidades corporativas. Dez guias, em linguagem clara e objetiva, trazem estratégias comprovadamente eficazes e de fácil aplicação sobre assuntos de grande importância: apresentação, liderança, negociação, marketing, entre outros do mundo corporativo. Coleção *Segredos Profissionais* – um novo impulso à sua carreira.

EDITORA FUNDAMENTO
www.editorafundamento.com.br